小学生のための英和・和英

ドラえもん はじめての 英語辞典

第2版

宮下いづみ・中村麻里：編著　藤子・F・不二雄：原作　むぎわら しんたろう：画

小学館

はじめに

『ドラえもん はじめての英語辞典 第2版』を使うみなさんへ

世界中の人々と話をしたり、おつきあいできるようになるには、英語で疑問に思ったことを自分で調べて新しい知識を獲得するという経験を積み重ねていくことが大切です。この辞典は、そんな英語を学びたい小学生のために身近な言葉や言ってみたい表現を集めてあります。

小学校での英語学習の導入に合わせて、第2版では、小学英語に必要な単語、英検®5級によく出題される単語を大幅に加え、約2350語を収録しました。

辞書は「絵辞典」「英和辞典」「和英辞典」の3つのパートからなっています。町で英語を見かけたときに「この言葉の意味は何かな」と思ったら英和辞典を見てください。逆に「この言葉は、英語で何ていうのかな」と思ったときには、和英辞典で探してみましょう。ドラえもんの仲間たちが、楽しくナビゲートしてくれますので、イラストを見るだけでも楽しむことができます。興味のあるページを何度も見たり聞いたりしているうちに、自然とたくさんの英単語や言い方を覚えてしまうことでしょう。

英語が上手になるポイントは、少しでも多くの英語を見たり聞いたりして、英語にたくさんふれることです。英語の発音には日本語とは異なる音とリズムがありますが、できるだけ多くの英語を聞いて音声をまねすることで、耳と口から自然と覚えていくことができます。この辞典には、CD-ROMがついていますので、くり返し聞いてきれいな発音やイントネーションを身につけていきましょう。まさに「習うより慣れよ」です。

21世紀を担うみなさんが、楽しみながら英語をたくさん覚えていく姿を見るのを楽しみにしています。

2018年 11月

宮下いづみ　中村麻里

この辞典の使い方

この辞典は、①「絵辞典」②「英和辞典」③「和英辞典」の3つのパートに分かれています。また、各ページの英語の音声は、すべて付属のCD-ROMに収録されています。

① 絵辞典

ここでは、小学生の毎日の生活に身近な基本英単語798項目を、27のテーマに分けて取り上げました。自分の興味のあるテーマのページを開いて、絵と文字を見ながらCD-ROMを聞いてみましょう。なお、この絵辞典にある単語のリストは「絵辞典さくいん」(386〜399ページ)にあります。

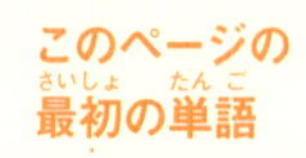

② 英和辞典

「絵辞典」にある語以外で、小学生のみなさんがどこかで目にして調べたくなるような、基本英単語749項目を取り上げました。単語はABC順になっています。

音声はすべてCD-ROMの〈2英和辞典〉に収録されています。使い方については、6〜7ページを参照してください。

このページの最初の単語

英検マーク
英検®5級によく出題される単語(小学館調べ)です。

品詞
(55ページ参照)

見出し語

このページの最後の単語

a

Aa [エィ]

a [ア] 英検
冠 1つの、ひとりの
I have a doughnut. Would you like a bite?
ドーナツを1つ、持っているよ。一口どう？

about [アバウト] 英検
❶副 〜ごろに、だいたい、およそ ❷前 〜について
❶ Come and see me at about 10:00.
10時ごろに会いに来てね。
❷ We learned about volunteering.
わたしたちはボランティアについて学びました。

active [アクティヴ]
形 活発な
Nobita is an active child.
のび太は活発な子どもだね。

activity [アクティヴィティ]
名 活動
My brother's after-school club activity is fun.
お兄さんの部活は楽しいね。

56 fifty-six

ago

afraid [アフレイド]
形 おそれて、こわがって
I'm afraid of that big dog.
あの大きな犬がこわいんだ。

after [アフタァ] 英検
前 〜の後に、〜の次に
Let's go to the playground after lunch.
昼食の後に、校庭に行こうよ。

afternoon [アフタァヌーン] 英検
名 午後、昼過ぎ
We have no classes this afternoon.
今日の午後は授業がないんだ。

again [アゲン]
副 もう一度、ふたたび
Let's try it again.
もう一度やってみよう。
Nice to see you again.
また会えてうれしい。

ago [アゴゥ]
副 (今から) 〜前に
My father went to Kyoto three years ago.
お父さんは3年前に京都へ行ったよ。

fifty-seven 57

アルファベット見出し
たとえば、「active」を探したい場合は、「A」に色がついたページからABC順に探してください。

用例
その単語を使った文をのせています。

注意説明
その単語を使うときに注意したいことを⊏⊳のマークで記しています。

日本語の意味
たくさんの意味を持つ語は、小学生に身近で大切な意味を中心にのせました。品詞や意味が異なるときは、①、②と分け、必要に応じて用例をのせています。

読み方
実際の発音に近くなるように書かれていますが、CD-ROMを聞いて確認してください。太字は強く発音する音を示しています。

おうちのかたへ

複数形について…名詞には単数形（1人、1つ）、複数形（2人以上、2つ以上）などがあります。
三単現について…主語がIとyou以外の単数（ひとつの物や人）の時に、動詞にsをつけます。
過去形について…「昨日〜しました」のように、過去にあったことを言うとき、英語では「動詞の過去形」を用います。過去形は、見出し語にある動詞に「-ed」をつけるものと、違う形になるものがあります。この本に収録された動詞については382〜385ページの「基本動詞の変化表」も参照してください。

「この言葉、英語で何というのかな」と思ったとき、日本語から英語を探すことができます。小学生に身近な表現を中心に、781項目があいうえお順に並んでいます。

音声はすべてCD-ROMの〈3和英辞典〉に収録されています。使い方については、6〜7ページを参照してください。

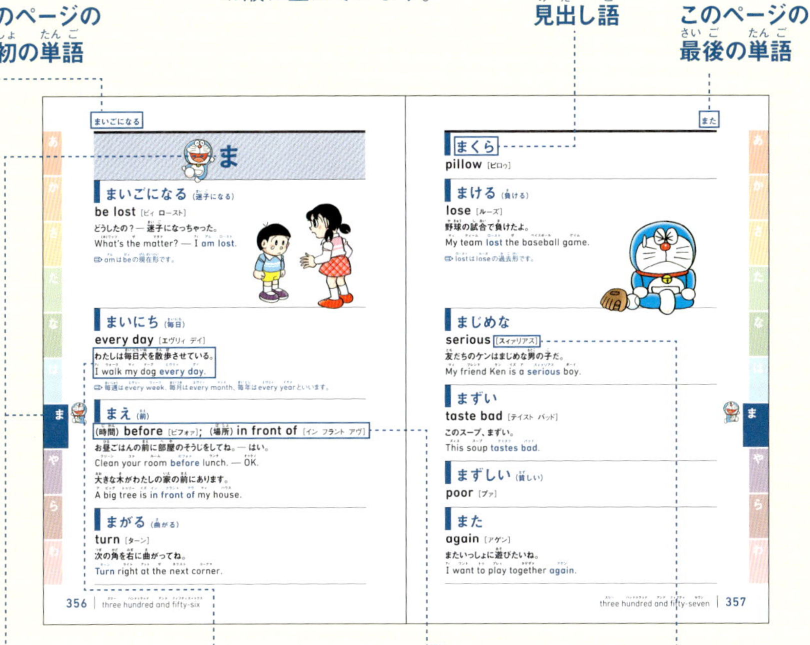

あいうえお見出し

たとえば、「毎日」を探したい場合は、「ま」に色がついたページから、あいうえお順に探してください。

用例

使い方を知ってほしい語については、必要に応じて、小学生が日常会話で使いやすい例文をそのまま言える形でのせました。

英語の訳

いくつかの英語が当てはまる場合、小学生が使いやすい表現を中心に取り上げました。英語の使い分けや意味のちがいなどがある場合は（ ）を付けて説明しています。

読み方

実際の発音に近くなるように書かれていますが、CD-ROMを聞いて確認してください。太字は強く発音する音を示しています。

おうちのかたへ

短縮形について…話し言葉では、amやnot、willなどを短くした形（短縮形）もよく使われます。この辞典に出てくる主な短縮形と元の形は次の通りです。

I'm	➡ I am	that's	➡ that is	don't	➡ do not
you're	➡ you are	what's	➡ what is	doesn't	➡ does not
he's	➡ he is	who's	➡ who is	didn't	➡ did not
she's	➡ she is	how's	➡ how is	can't	➡ can not
it's	➡ it is	aren't	➡ are not	I'll	➡ I will
they're	➡ they are	isn't	➡ is not	we'll	➡ we will

音声を聞いてみよう

本書の各ページの音声は、ネイティブスピーカーの正しい発音で聞くことができます。ここでは、付属のCD-ROMで音声を聞く方法と、スマートフォンやパソコンで特設サイトにアクセスして音声を聞く方法について説明します。

① スマートフォンやパソコンで聞く

QRコードまたはURLから特設サイトにアクセスして音声データを聞くことができます。

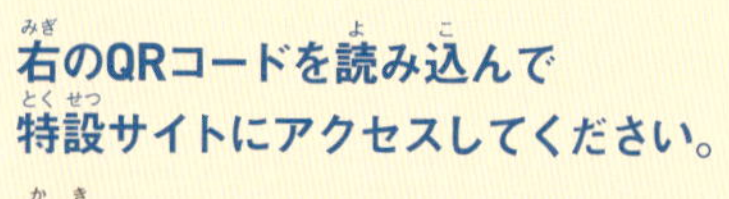

右のQRコードを読み込んで特設サイトにアクセスしてください。

下記URLからもアクセスできます。

http://doraeigo.sgkm.jp/

② CD-ROMで聞く

CD-ROMドライブが付いたパソコン、またはMP3形式の音声を再生できるソフトがインストールされたパソコンで音声を聞くことができます。

★付属のCD-ROMは一般的な音楽CDプレーヤーやDVDプレーヤーでは再生できません。音楽用CDとは別規格で作られていますのでご注意ください。

収録時間は、「絵辞典」(英単語・日本語の意味)、「英和辞典」(見出し語・用例)、「和英辞典」(日本語見出し・英語の訳・用例)、コラム「これ、知ってる?」を合わせ、約198分です。

CD-ROMには、
下記のようなフォルダー構成で音声が収録されています。

- 1絵辞典 … 全部で27のフォルダーがあります
  - 01_学校 … 全部で32の音声ファイルがあります
  - 02_教室 … 全部で15の音声ファイルがあります
  - 27_世界 … 全部で56の音声ファイルがあります
- 2英和辞典 … 全部で24のフォルダーがあります
  - A … 全部で35の音声ファイルがあります
  - B … 全部で43の音声ファイルがあります
  - XYZ … 全部で12の音声ファイルがあります
- 3和英辞典 … 全部で10のフォルダーがあります
  - あ行 … 全部で167の音声ファイルがあります
  - か行 … 全部で156の音声ファイルがあります
  - わ … 全部で10の音声ファイルがあります
- これ、知ってる?…全部で6の音声ファイルがあります

3 パソコン上の音声ファイルを再生する

CD-ROMのすべての音声ファイルをパソコン上にコピー、
またはダウンロードして再生する方法について紹介します。

a) iTunes®で再生する

- iTunes®を起動して、[ファイル] → [(フォルダーを)ライブラリに追加] を選択します。
- 音声ファイルをコピー/ダウンロードしたフォルダーを選択します。
- 選択したフォルダー内の音声ファイルがiTunes®で利用できるようになります。

b) Windows® Media Playerで再生する

- Windows® Media Playerを起動して、[整理] → [ライブラリの管理] → [音楽] を選択します。
- 音声ファイルをコピー/ダウンロードしたフォルダーを選択します。
- 選択したフォルダー内の音声ファイルがWindows® Media Playerで利用できるようになります。

c) 携帯音楽プレーヤーやスマートフォンで再生する

パソコンに取り込んだ音声ファイルは、携帯音楽プレーヤーやスマートフォンに転送して聞くことができます。それぞれの機器や音楽再生ソフトのマニュアルに従ってご利用ください。

※インターネットで音声を聞く/ダウンロードする場合、ネット接続にかかわる費用はお客様の負担となりますので、ご了承ください。
※iTunes®やWindows® Media Playerの使い方は、アプリケーションソフトのバージョンアップ等で変更になる場合があります。
※付属のCD-ROMに収録されている音声ファイルは、本書で紹介している英単語や用例を、より正確に学び楽しんでいただくためのものです。アプリやホームページ等での再利用、加工・編集、再配布は、これを固く禁じます。
※お使いのパソコンなど使用環境によって、各音声の再生順序が一部本書の並びと異なることがあります。

Contents 目次

これ、知ってる？

絵辞典

みなさんの身の回りの物や事がらがイラストに
なっています。ドラえもんたちと一緒に、
英語で何というか、見てみましょう。
興味のあるテーマや気になるページから
開いてみてください！

01 School 学校

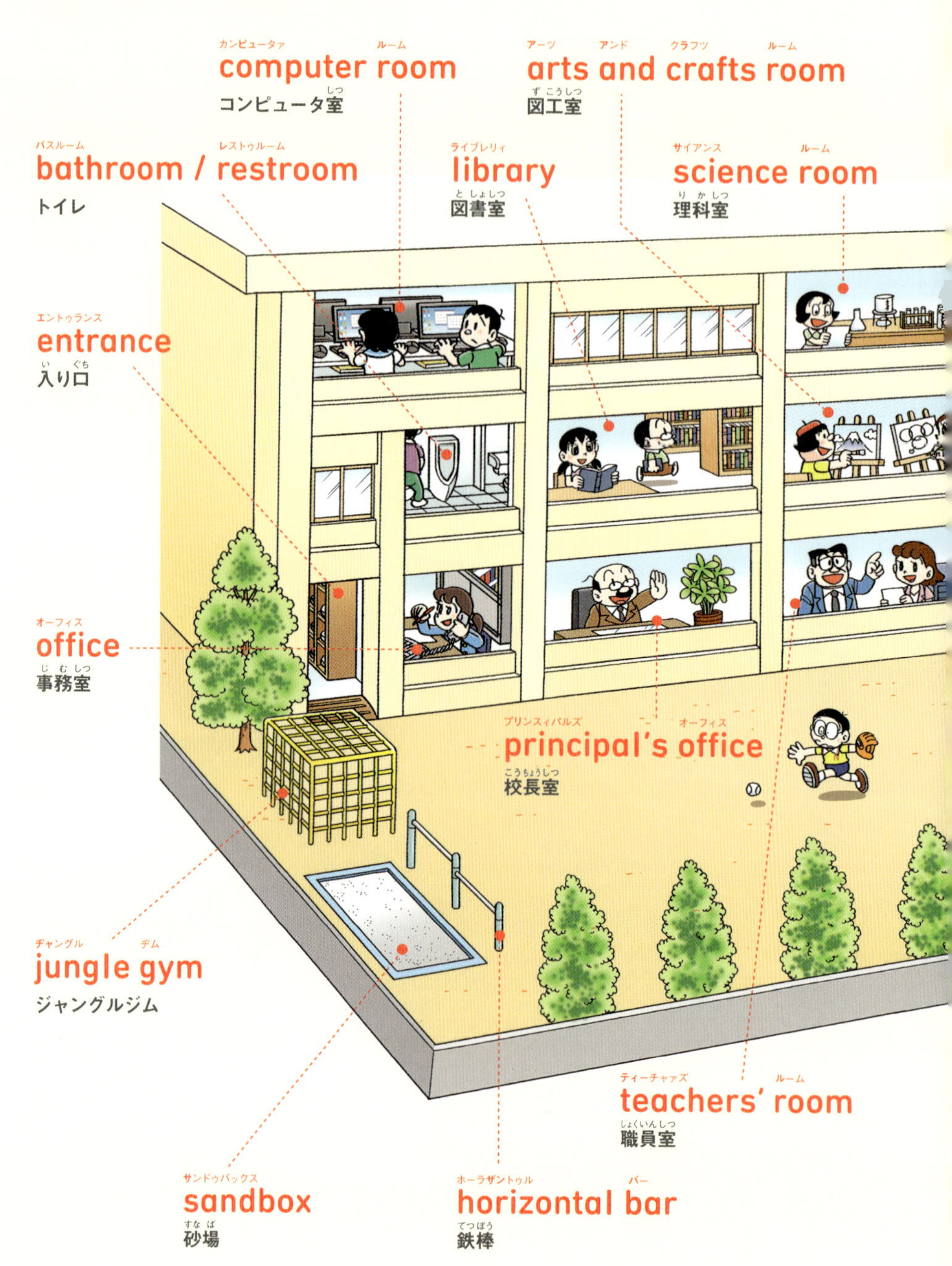

computer room
コンピュータ室
arts and crafts room
図工室
bathroom / restroom
トイレ
library
図書室
science room
理科室
entrance
入り口
office
事務室
principal's office
校長室
jungle gym
ジャングルジム
teachers' room
職員室
sandbox
砂場
horizontal bar
鉄棒

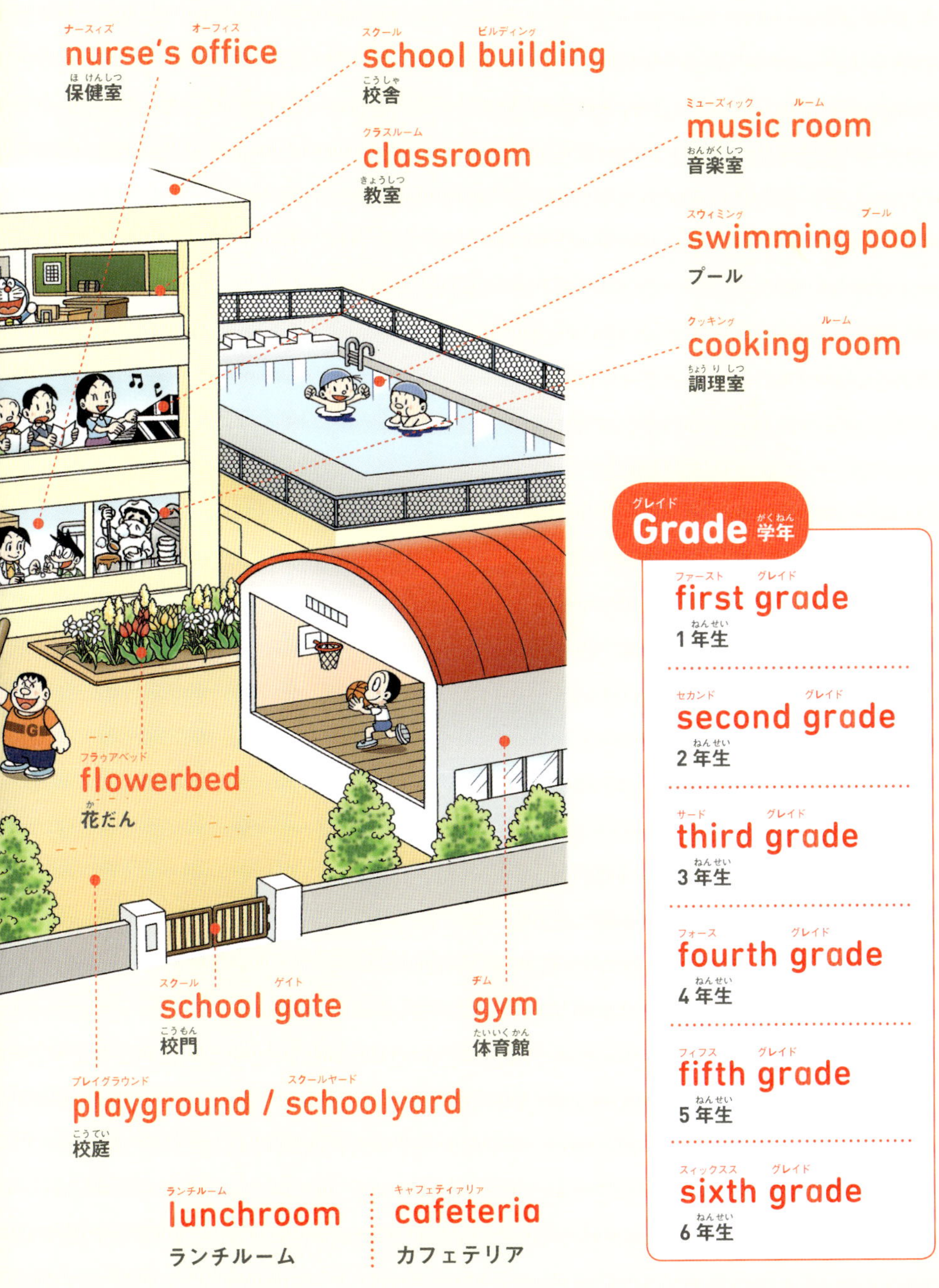

Grade 学年

first grade
1年生

second grade
2年生

third grade
3年生

fourth grade
4年生

fifth grade
5年生

sixth grade
6年生

02 Classroom 教室

03 Subjects（サブヂクツ） 教科（きょうか）

math（マス）
算数（さんすう）

science（サイアンス）
理科（りか）

music（ミューズィック）
音楽（おんがく）

home（ホウム） **economics**（イーカナミックス）
家庭科（かていか）

arts（アーツ） **and**（アンド） **crafts**（クラフツ）
図工（ずこう）

P.E.（ピーイー）
体育（たいいく）

calligraphy（カリグラフィ）
習字（しゅうじ）

social（ソウシャル） **studies**（スタディズ）
社会科（しゃかいか）

programming（プロウグラミング）
プログラミング

homeroom（ホウムルーム） **activities**（アクティヴィティズ）
学級活動（がっきゅうかつどう）

moral（モーラル） **education**（エヂュケイション）
道徳（どうとく）

Japanese（ヂャパニーズ）
国語（こくご）

English（イングリッシュ）
英語（えいご）

04 Stationery（ステイショネリィ） 文房具（ぶんぼうぐ）

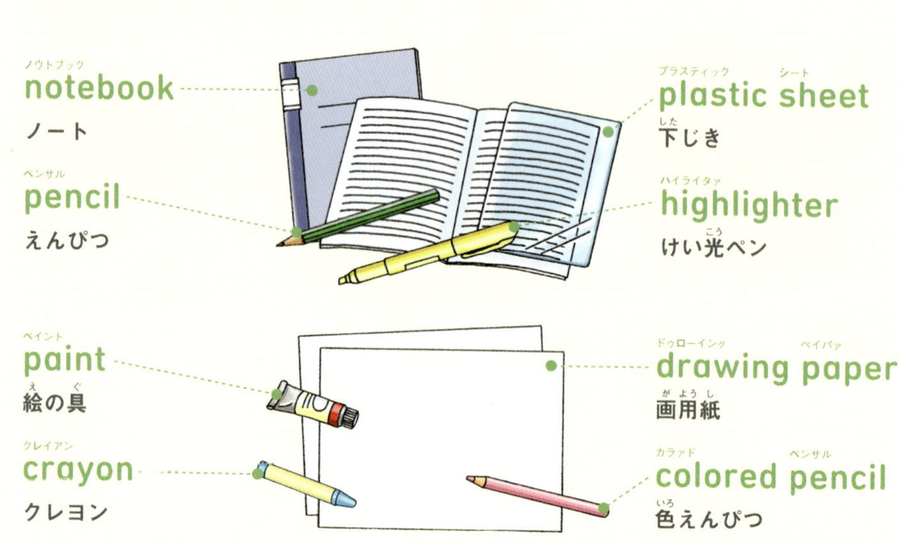

notebook（ノウトブック）
ノート

pencil（ペンサル）
えんぴつ

plastic sheet（プラスティック シート）
下（した）じき

highlighter（ハイライタァ）
けい光（こう）ペン

paint（ペイント）
絵（え）の具（ぐ）

crayon（クレイアン）
クレヨン

drawing paper（ドゥローイング ペイパァ）
画用紙（がようし）

colored pencil（カラァド ペンサル）
色（いろ）えんぴつ

ruler（ルーラァ）
ものさし、定規（じょうぎ）

marker（マーカァ）
マーカー

compass（カンパス）
コンパス

magnet（マグニット）
マグネット

mechanical pencil（ミキャニカル ペンサル）
シャープペンシル

eraser（イレイサァ）
消（け）しゴム

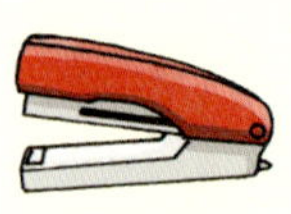

stapler（ステイプラァ）
ホッチキス

ink（インク）
インク

pencil sharpener（ペンサル シャープナァ）
えんぴつ削（けず）り

pen（ペン）
ペン、万年筆（まんねんひつ）

pencil case（ペンサル ケイス）
筆箱（ふでばこ）

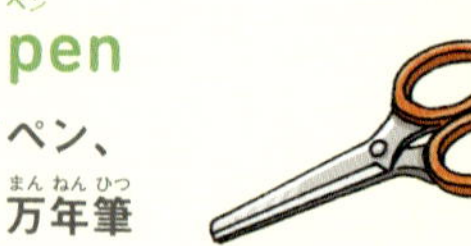

scissors（スィザァズ）
はさみ

glue stick（グルー スティック）
スティックのり

sticky note（スティッキィ ノウト）
ふせん

05 Music（ミューズィック）音楽（おんがく）

06 Sports スポーツ

volleyball
バレーボール

soccer
サッカー

basketball
バスケットボール

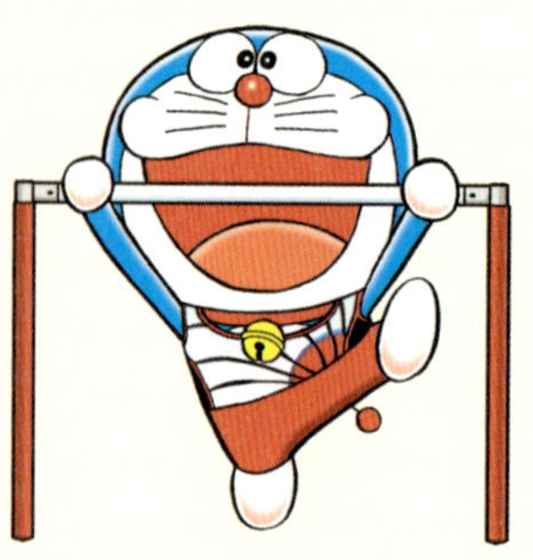

gymnastics
体操

skiing
スキー

figure skating
フィギュアスケート

archery
アーチェリー

baseball
野球

wrestling
レスリング

football
アメリカンフットボール

softball
ソフトボール

badminton
バドミントン

skating
スケート

athletics
運動競技

canoeing
カヌー

track and field
陸上競技

bouldering
ボルダリング

テイブル テニス
table tennis
卓球（たっきゅう）

ガルフ
golf
ゴルフ

テニス
tennis
テニス

カーリング
curling
カーリング

チュードウ
judo
柔道（じゅうどう）

スウィミング
swimming
水泳（すいえい）

クライミング
climbing
クライミング

サイクリング
cycling
サイクリング

ラニング
running
ランニング

バクスィング
boxing
ボクシング

セイリング
sailing
セイリング

カラーティ
karate
空手（からて）

マラサン
marathon
マラソン

ラグビィ
rugby
ラグビー

チャギング
jogging
ジョギング

サーフィング
surfing
サーフィン

ダッヂ ボール
dodge ball
ドッジボール

ウェイトリフティング
weightlifting
ウェイトリフティング

07 City / Town 街

スィティ / タウン / まち

エァポート **airport** 空港（くうこう）	ステイション **station** 駅（えき）	ストァ **store** 店（みせ）、商店（しょうてん）	オーフィス **office** 会社（かいしゃ）、事務所（じむしょ）	ビルディング **building** ビル	ホウテル **hotel** ホテル

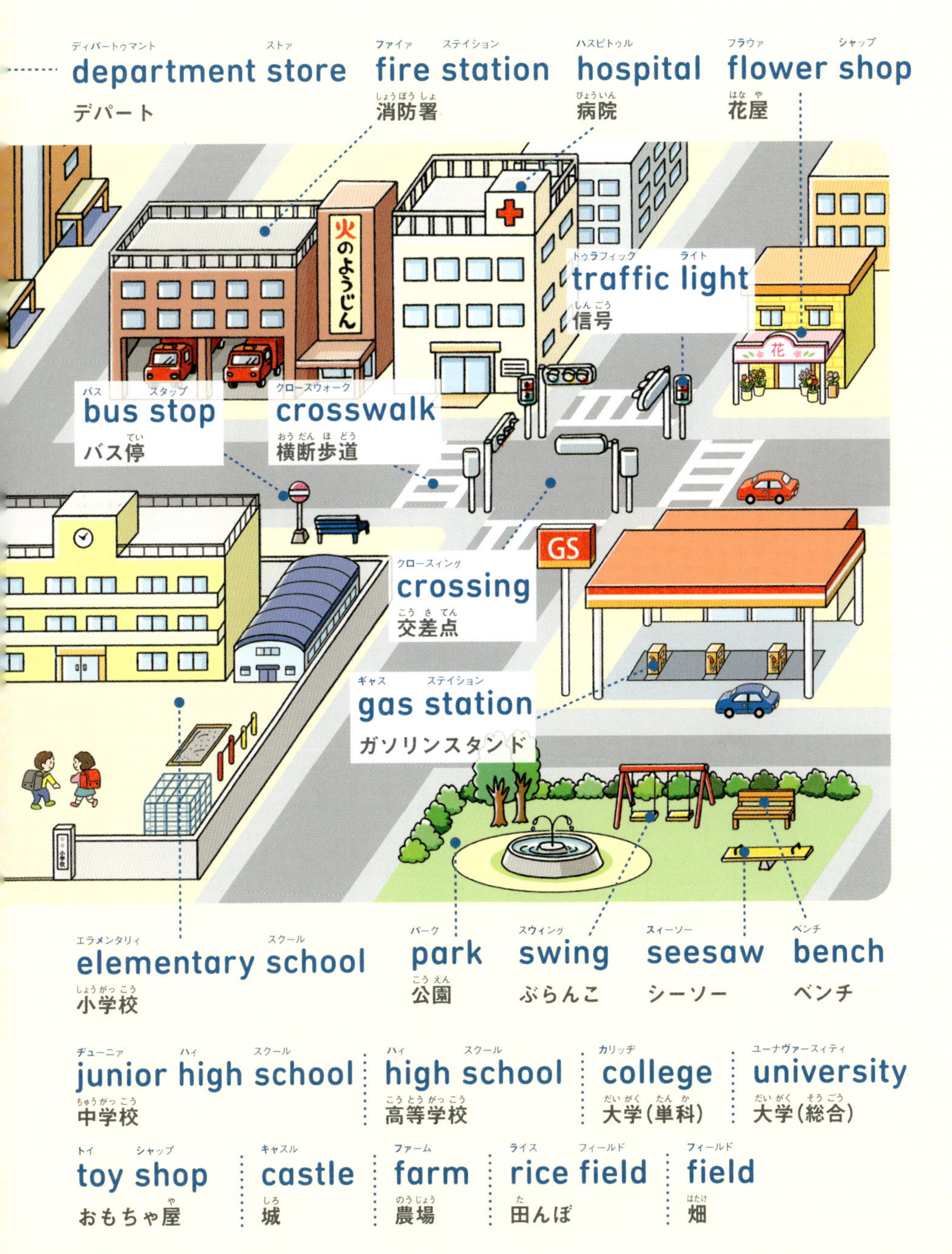

ディパートゥマント ストァ
department store
デパート
ファイァ ステイション
fire station
しょうぼうしょ
消防署
ハスピトゥル
hospital
びょういん
病院
フラウァ シャップ
flower shop
はなや
花屋
火のようじん
トゥラフィック ライト
traffic light
しんごう
信号
花
バス スタップ
bus stop
ていバス
バス停
クロースウォーク
crosswalk
おうだんほどう
横断歩道
GS
クロースィング
crossing
こうさてん
交差点
ギャス ステイション
gas station
ガソリンスタンド
エラメンタリィ スクール
elementary school
しょうがっこう
小学校
パーク
park
こうえん
公園
スウィング
swing
ぶらんこ
スィーソー
seesaw
シーソー
ベンチ
bench
ベンチ
ヂューニァ ハイ スクール
junior high school
ちゅうがっこう
中学校
ハイ スクール
high school
こうとうがっこう
高等学校
カリッヂ
college
だいがく たんか
大学(単科)
ユーナヴァースィティ
university
だいがく そうごう
大学(総合)
トイ シャップ
toy shop
おもちゃや
おもちゃ屋
キャスル
castle
しろ
城
ファーム
farm
のうじょう
農場
ライス フィールド
rice field
た
田んぼ
フィールド
field
はたけ
畑

⑧ Transportation 交通

motorcycle
オートバイ

unicycle
一輪車

bike (bicycle)
自転車

tricycle
三輪車

jet
ジェット機

09 Jobs チャブズ 職業（しょくぎょう）

firefighter ファイァファイタァ
消防士（しょうぼうし）

nurse ナース
看護師（かんごし）

doctor ダクタァ
医師（いし）

police officer パリース オーフィサァ
警察官（けいさつかん）

cook クック
コック

florist フローリスト
花屋（はなや）

preschool teacher プリスクール ティーチャァ
保育士（ほいくし）

broadcaster / announcer ブロードキャスタァ アナウンサァ
アナウンサー

computer programmer カンピュータァ プロウグラマァ
コンピュータプログラマー

novelist ナヴァリスト
小説家（しょうせつか）

fisherman フィッシャァマン
漁師（りょうし）

engineer エンヂニァ
技師（ぎし）、エンジニア

model マデゥル
モデル

barber バーバァ
とこ屋（や）

pianist ピアニスト
ピアニスト

バス ドゥライヴァ
bus driver
バスの運転手

ダンサァ
dancer
ダンサー

ズーキーパァ
zookeeper
動物園の飼育員

カーパンタァ
carpenter
大工

スィンガァ
singer
歌手

アクタァ
actor
俳優

ニューズキャスタァ
newscaster
ニュースキャスター

ファッション ディザイナァ
fashion designer
ファッションデザイナー

ヴァイアリニスト
violinist
バイオリニスト

オーフィス ワーカァ
office worker
会社員

スーモゥ レスラァ
sumo wrestler
力士、すもう取り

ヴォイス アクタァ
voice actor
声優

フィギャァ スケイタァ
figure skater
フィギュアスケート選手

フライト アテンダント
flight attendant
客室乗務員

ミューズィシャン
musician
音楽家

ファタグラファ
photographer
カメラマン

タクスィ ドゥライヴァ
taxi driver
タクシーの運転手

メイル キャリァ
mail carrier
郵便配達員

ベイスボール プレイァ
baseball player
野球選手

サッカァ プレイァ
soccer player
サッカー選手

ティーチャァ
teacher
教師

アドゥヴェンチャラァ
adventurer
冒険家

カートゥーニスト
cartoonist
まんが家

ペインタァ
painter
画家

アストゥラノート
astronaut
宇宙飛行士

ペイストゥリィ シェフ
pastry chef
パティシエ

ウェイタァ
waiter
ウェイター

ヘァドゥレッサァ
hairdresser
美容師

デンティスト
dentist
歯科医

ヴェット
vet
じゅう医

ベイカァ
baker
パン屋

レイス カー ドゥライヴァ
race car driver
カーレーサー

ファーマァ
farmer
農家の人

パイラット
pilot
パイロット

アーティスト
artist
芸術家

カミーディアン
comedian
コメディアン

パリティシャン
politician
政治家

ロイァ
lawyer
弁護士

ディザイナァ
designer
デザイナー

⑩ Body 体

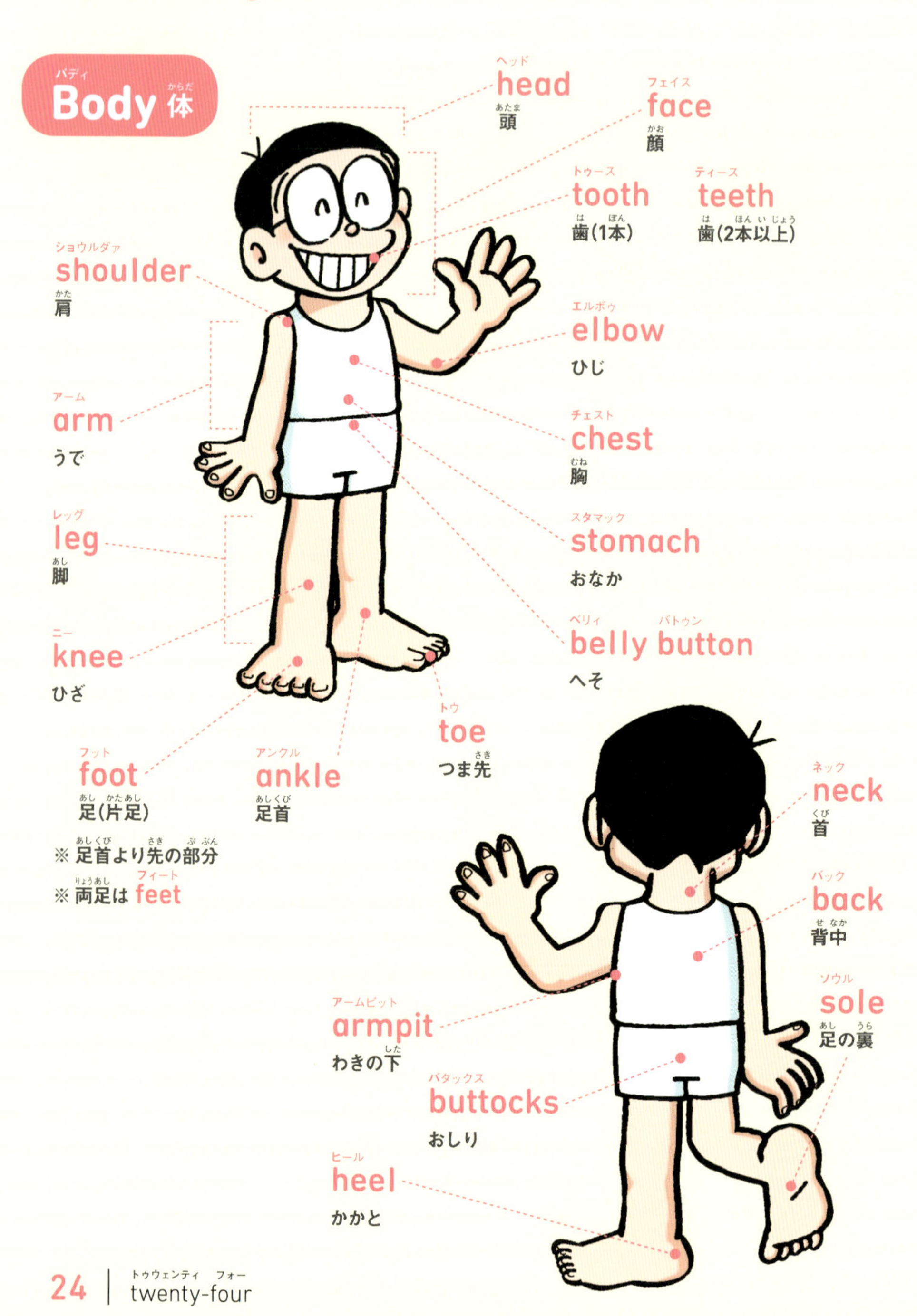

Body 体
head
頭
face
顔
tooth
歯(1本)
teeth
歯(2本以上)
shoulder
肩
elbow
ひじ
arm
うで
chest
胸
leg
脚
stomach
おなか
knee
ひざ
belly button
へそ
toe
つま先
foot
足(片足)
※足首より先の部分
※両足は feet
ankle
足首
neck
首
back
背中
sole
足の裏
armpit
わきの下
buttocks
おしり
heel
かかと

フェイス
Face 顔
ヘア
hair
かみの毛
アイラッシュ
eyelash
まつ毛
フォーヘッド
forehead
ひたい
アイ
eye
目
アイブラウ
eyebrow
まゆ毛
ノウズ
nose
鼻
イア
ear
耳
マウス
mouth
口
チーク
cheek
ほお
タンッ
tongue
舌
チン
chin
あご
リップス
lips
くちびる
ハンド
Hand 手
テイル
tail
しっぽ
ネイル
nail
つめ
フィンガァ
finger
手の指
サム
thumb
親指
リスト
wrist
手首

⑪ Clothes（クロウズ） 服（ふく）

レインコウト
raincoat
レインコート

スウィムスート
swimsuit
水着（みずぎ）

ユーナフォーム
uniform
制服
パンツ
pants
ズボン
ヂャキット
jacket
上着
ネックタィ
necktie
ネクタイ
スウェットゥシャート
sweatshirt
トレーナー
ヴェスト
vest
ベスト
ベルト
belt
ベルト
キャップ
cap
(ふちなしの)帽子
シューズ
shoes
くつ
グラヴズ
gloves
手ぶくろ
グラスィズ
glasses
眼鏡
ショーツ
shorts
半ズボン
スニーカァズ
sneakers
スニーカー
スカーフ
scarf
マフラー
バックパック
backpack
リュックサック
シャート
shirt
シャツ、ワイシャツ
N

⑫ Vegetables（ヴェヂタブルズ） 野菜（やさい）

パンプキン
pumpkin
かぼちゃ

ターニップ
turnip
かぶ

エッグプラント
eggplant
なす

コーン
corn
とうもろこし

パテイトウ
potato
じゃがいも

アニャン
onion
玉（たま）ねぎ

グリーン ペッパァ
green pepper
ピーマン

スピニッチ
spinach
ほうれん草（そう）

レティス
lettuce
レタス

キャラット
carrot
にんじん

ブラッカリィ
broccoli
ブロッコリー

キャビッヂ
cabbage
キャベツ

キューカンバァ
cucumber
きゅうり

タメイトウ
tomato
トマト

マッシュルーム
mushroom
マッシュルーム

ラディッシュ
radish
はつか大根（だいこん）

ズッキーニ
zucchini
ズッキーニ

⑬ Fruits（フルーツ） 果物（くだもの）

アプル
apple
りんご

メラン
melon
メロン

ウォータァメロン
watermelon
すいか

チェリィ
cherry
さくらんぼ

オーリンヂ
orange
オレンジ

ペァ
pear
なし

ピーチ
peach
もも

グレイプズ
grapes
ぶどう

パイナプル
pineapple
パイナップル

ストゥローベリィ
strawberry
いちご

レマン
lemon
レモン

キーウィ
kiwi
キウイ

グレイプフルート
grapefruit
グレープフルーツ

ナッツ
nuts
ナッツ

バナナ
banana
バナナ

⑭ Dishes（ディッシズ） 料理（りょうり）

カーリィ アンド ライス
curry and rice
カレーライス

アマリット
omelet
オムレツ

サラッド
salad
サラダ

ライス
rice
ご飯（はん）

ミソゥ スープ
miso soup
みそ汁（しる）

グリルド フィッシュ
grilled fish
焼（や）き魚（ざかな）

トウスト
toast
トースト

ロウル
roll
ロールパン

ピーツァ
pizza
ピザ

サンドゥウィッチ
sandwich
サンドイッチ

ハット ドーグ
hot dog
ホットドッグ

フライド チキン
fried chicken
フライドチキン

ライス ボール
rice ball
おにぎり

スシ
sushi
すし

ディープ フライド プローン
deep-fried prawn
えびフライ

ウドン ヌードゥルズ
udon noodles
うどん

ヌードゥルズ
noodles
ヌードル

ラーメン
ramen
ラーメン

スパゲティ
spaghetti
スパゲッティ

コーン スープ
corn soup
コーンスープ

ハンバーガァ
hamburger
ハンバーガー

フレンチ フライズ
French fries
フライドポテト

マカロゥニィ
macaroni
マカロニ

ミートボール
meatball
にく
肉だんご

ベントウ ランチ
bento lunch
べん とう
弁当

ステイク ビーフステイク
steak (beefsteak)
ビーフステーキ

ハンバーガァ ステイク
hamburger steak
ハンバーグ

ストゥー
stew
シチュー

フライド ライス
fried rice
チャーハン

ロウスト ビーフ
roast beef
ローストビーフ

グラートゥン
gratin
グラタン

スープ
soup
スープ

ブレッド
bread
パン

ポーク カットゥリット
pork cutlet
とんかつ

スナックス アンド ドゥリンクス

⑮ Snacks and Drinks

の もの

おやつと飲み物

キャンディ
candy
あめ

チョーカラット
chocolate
チョコレート

クッキィズ
cookies
クッキー

チーズケイク
cheesecake
チーズケーキ

カップケイク
cupcake
カップケーキ

アプル パィ
apple pie
アップルパイ

カスタァド プディング
custard pudding
プリン

パンケイクス
pancakes
ホットケーキ

ドウナット ドウナット
doughnut / donut
ドーナツ

クリーム パフ
cream puff
シュークリーム

アイス クリーム
ice cream
アイスクリーム

ヨウガァト
yogurt
ヨーグルト

シェイク
shake
シェイク

シェイヴド　アイス
shaved ice
かき氷（ごおり）

パーフェイ
parfait
パフェ

オーリンヂ　ヂュース
orange juice
オレンジジュース

パップコーン
popcorn
ポップコーン

パテイトウ　チップス
potato chips
ポテトチップス

ガム
gum
ガム

グリーン　ティー
green tea
緑茶（りょくちゃ）

ティー
tea
茶（ちゃ）、紅茶（こうちゃ）

コーフィ
coffee
コーヒー

ミルク
milk
牛乳（ぎゅうにゅう）、ミルク

ミナラル　ウォータァ
mineral water
ミネラルウォーター

ヂュース
juice
ジュース

ソウダ　パップ
soda pop
炭酸飲料（たんさんいんりょう）

ケイク
cake
ケーキ

パィ
pie
パイ

コウラ
cola
コーラ

⑯ Foods 食品

- rice（ライス） 米（こめ）
- egg（エッグ） 卵（たまご）
- sausage（ソスィッヂ） ソーセージ
- salmon（サマン） さけ
- tuna（トゥーナ） まぐろ
- octopus（アクタパス） たこ
- squid（スクウィッド） いか
- beef（ビーフ） 牛肉（ぎゅうにく）
- pork（ポーク） ぶた肉（にく）
- chicken（チキン） とり肉（にく）
- ham（ハム） ハム
- bacon（ベイカン） ベーコン
- crab（クラブ） かに
- shrimp（シュリンプ） えび
- mayonnaise（メイアネイズ） マヨネーズ
- soy sauce（ソイ ソース） しょうゆ
- sugar（シュガァ） 砂糖（さとう）
- jam（ヂャム） ジャム
- dressing（ドゥレッスィング） ドレッシング
- ketchup（ケチャップ） ケチャップ
- oil（オイル） 油（あぶら）
- salt（ソールト） 塩（しお）
- pepper（ペッパァ） こしょう

- meat（ミート） 肉（にく）
- fish（フィッシュ） 魚（さかな）
- frozen food（フロウズン フード） 冷（れい）とう食品（しょくひん）
- instant food（インスタント フード） インスタント食品（しょくひん）
- cheese（チーズ） チーズ

⑰ Kitchen 台所

プラスティック バトゥル
plastic bottle
ペットボトル
マイクラウェイヴ
microwave
電子レンジ
ケトゥル
kettle
やかん
プラスティック バッグ
plastic bag
ビニール袋、レジ袋
カップ
cup
カップ
ボウル
bowl
おわん、茶わん
パット
pot
深いなべ
パン
pan
浅いなべ
フライイング パン
frying pan
フライパン
グラス
glass
コップ、グラス
チャップスティックス
chopsticks
はし
キッチン ナイフ
kitchen knife
包丁
カッティング ボード
cutting board
まな板
スパチュラ
spatula
フライ返し
プレイト
plate
皿
フォーク
fork
フォーク
スプーン
spoon
スプーン
ナイフ
knife
ナイフ

⑱ Animals 動物

アニマルズ / どうぶつ

マンキィ
monkey
さる

ワイルド ボァ
wild boar
いのしし

ヒッポ
hippo
かば

ヤック
yak
ヤク

ヂラフ
giraffe
きりん

エラファント
elephant
ぞう

ウルフ
wolf
おおかみ

ガリラ
gorilla
ゴリラ

イグワーナ
iguana
イグアナ

タイガァ
tiger
とら

ライアン
lion
ライオン

ヂャグワー
jaguar
ジャガー

ズィーブラ
zebra
しまうま

ベァ
bear
くま

フォックス
fox
きつね

キャマル
camel
らくだ

バー バー
baa baa
メェメェ
ムー ムー
moo moo
モーモー
オインク オインク
oink oink
ブーブー
シープ
sheep
ひつじ
カウ
cow
めうし
ピッグ
pig
ぶた
ゴウト
goat
やぎ
アックス
ox
おうし
ホース
horse
うま
マウス
mouse
ねずみ
キャット
cat
ねこ
ミアウ ミアウ
meow meow
ニャーニャー
バード
bird
とり
ラビット
rabbit
うさぎ
ドーグ
dog
いぬ
バウワウ
bowwow
ワンワン
ハムスタァ
hamster
ハムスター
パンダ
panda
パンダ
キャンガルー
kangaroo
カンガルー
コウアーラ
koala
コアラ

⑲ Birds, Fish and Marine Animals 鳥と魚、海の生き物

(バーヅ　フィッシュ　アンド　マリーン　アニマルズ／とり　さかな　うみ　い　もの)

ダック
duck
あひる

スワロウ
swallow
つばめ

チキン
chicken
にわとり

ヘン
hen
めんどり

ルースタァ
rooster
おんどり

ヴァルチャァ
vulture
はげたか

パラット
parrot
おうむ

クウェイル
quail
うずら

ペングウィン
penguin
ペンギン

ダルフィン
dolphin
いるか

スィール
seal
あざらし

ゴウルドフィッシュ
goldfish
きんぎょ

ヂェリィフィッシュ
jellyfish
くらげ

スターフィッシュ
starfish
ひとで

ヌート
newt
イモリ

ホウェイル
whale
くじら

シャーク
shark
さめ

⑳ Insects and Other Creatures こん虫とそのほかの生き物

bee はち
snail かたつむり
caterpillar いもむし
spider くも
butterfly ちょう
dragonfly とんぼ
fly はえ
beetle かぶとむし

grasshopper ばった
firefly ほたる
snake ヘビ
cicada せみ
ant あり
frog かえる
mantis かまきり
ladybug てんとうむし
stag beetle くわがたむし

㉑ Numbers（ナンバァズ） 数（かず）

1	one（ワン）
2	two（トゥー）
3	three（スリー）
4	four（フォー）
5	five（ファイヴ）
6	six（スィックス）
7	seven（セヴン）
8	eight（エイト）
9	nine（ナイン）
10	ten（テン）

11	イレヴァン eleven
12	トゥウェルヴ twelve
13	サーティーン thirteen
14	フォーティーン fourteen
15	フィフティーン fifteen
16	スィックスティーン sixteen
17	セブンティーン seventeen
18	エイティーン eighteen
19	ナインティーン nineteen

20	トゥウェンティ twenty
30	サーティ thirty
40	フォーティ forty
50	フィフティ fifty
60	スィックスティ sixty
70	セヴンティ seventy
80	エイティ eighty
90	ナインティ ninety
100	ワン　ハンドゥラッド one hundred

ズィァロウ
zero
0

ワン　サウザンド
one thousand
せん
1千

テン　サウザンド
ten thousand
まん
1万

ワン　ハンドゥラッド　サウザンド
one hundred thousand
まん
10万

ワン　ミリャン
one million
まん
100万

ワン　ハンドゥラッド　ミリャン
one hundred million
おく
1億

ワン　ビリャン
one billion
おく
10億

㉒ Calendar カレンダー

キャランダァ

サンデイ Sunday (Sun.) 日曜日（にちようび）	マンデイ Monday (Mon.) 月曜日（げつようび）	トゥーズデイ Tuesday (Tue.) 火曜日（かようび）	ウェンズデイ Wednesda[y] (Wed.) 水曜日（すいようび）
4 フォース fourth 4日（よっか）	5 フィフス fifth 5日（いつか）	6 スィックスス sixth 6日（むいか）	7 セヴンス seventh 7日（なのか）
11 イレヴァンス eleventh 11日（にち）	12 トゥウェルフス twelfth 12日（にち）	13 サーティーンス thirteenth 13日（にち）	14 フォーティーンス fourteenth 14日（か）
18 エイティーンス eighteenth 18日（にち）	19 ナインティーンス nineteenth 19日（にち）	20 トゥウェンティアス twentieth 20日（はつか）	21 トゥウェンティ ファースト twenty-first 21日（にち）
25 トゥウェンティ フィフス twenty-fifth 25日（にち）	26 トゥウェンティ スィックスス twenty-sixth 26日（にち）	27 トゥウェンティ セヴンス twenty-seventh 27日（にち）	28 トゥウェンティ エイトゥス twenty-eighth 28日（にち）

チャヌエリィ January 1月（がつ）	フェビュエリィ February 2月（がつ）	マーチ March 3月（がつ）	エイプラル April 4月（がつ）
メイ May 5月（がつ）	チューン June 6月（がつ）	ヂュライ July 7月（がつ）	オーガスト August 8月（がつ）
セプテンバァ September 9月（がつ）	アクトウバァ October 10月（がつ）	ノウヴェンバァ November 11月（がつ）	ディセンバァ December 12月（がつ）

サーズデイ Thursday (Thu.) もくようび 木曜日	フライデイ Friday (Fri.) きんようび 金曜日	サタァデイ Saturday (Sat.) どようび 土曜日
1 ファースト first ついたち 1日	2 セカンド second ふつか 2日	3 サード third みっか 3日
8 エイトゥス eighth ようか 8日	9 ナインス ninth ここのか 9日	10 テンス tenth とおか 10日
15 フィフティーンス fifteenth にち 15日	16 スィックスティーンス sixteenth にち 16日	17 セヴンティーンス seventeenth にち 17日
22 トゥウェンティ セカンド twenty-second にち 22日	23 トゥウェンティ サード twenty-third にち 23日	24 トゥウェンティ フォース twenty-fourth か 24日
29 トゥウェンティ ナインス twenty-ninth にち 29日	30 サーティアス thirtieth にち 30日	31 サーティ ファースト thirty-first にち 31日

マンス
month
つき
月

デイ
day
ひ
日

ハラデイ
holiday
しゅくじつ
祝日

ウィーケンド
weekend
しゅうまつ
週末

1月

月	火	水	木	金	土	日
			1	2	3	4
5	6	7	8	9	10	11
12	13	14	15	16	17	18
19	20	21	22	23	24	25
26	27	28	29	30	31	

㉓ Season 季節　Spring 春

Doll's Festival
ひな祭り

Children's Day
こどもの日

Easter
イースター

Easter egg
イースターエッグ

cherry blossom viewing
お花見

Mother's Day
母の日

graduation ceremony
卒業式

entrance ceremony
入学式

closing ceremony
終業式

opening ceremony
始業式

April Fool's Day
エイプリルフール

spring vacation
春休み

field trip
遠足

Easterについては137ページも見ましょう。

Summer 夏

Father's Day
父の日

Star Festival
七夕

fireworks festival
花火大会

summer vacation
夏休み

seaside school camp
臨海学校

swimming meet
水泳大会

forest school camp
林間学校

Bon Festival
おぼん

Fall / Autumn 秋

bat こうもり

monster かいぶつ

witch 魔女

Halloween ハロウィーン

jack-o'-lantern ジャックオーランタン

sports day 運動会

school trip 修学旅行

drama festival 学芸会

moon viewing 月見

Thanksgiving Day 感謝祭

music festival 音楽祭

sports festival 運動会・体育祭

school festival 文化祭

Halloweenについては339ページも見ましょう。

Winter 冬

reindeer
トナカイ

Santa Claus
サンタクロース

Christmas tree
クリスマスツリー

Christmas
クリスマス

Christmas present
クリスマスプレゼント

New Year's Eve
おおみそか

New Year's Day
元日

mochi making festival
もちつき大会

Valentine's Day
バレンタインデー

Bean-Throwing Ceremony
節分

New Year's Card
年賀状

winter vacation
冬休み

Christmasについては377ページも見ましょう。

㉔ Colors 色

ホワイト white しろ 白
グリーン green みどり 緑
ブルー blue あお 青
スィルヴァ silver ぎん いろ 銀色
ブラウン brown ちゃ いろ 茶色
オーリンヂ orange オレンジ いろ 色
パープル purple むらさき 紫
ゴウルド gold きん いろ 金色
ブラック black くろ 黒
グレィ gray はい いろ 灰色
イエロウ yellow き いろ 黄色
ピンク pink ピンク
レッド red あか 赤
ライト ブルー light blue みず いろ 水色

㉕ Shapes 形

circle
円
triangle
三角形
heart
ハート
square
四角形(正方形)
diamond
ひし形
rectangle
長方形
star
星
cross
十字形
cube
立方体
pyramid
ピラミッド形
cone
円すい

㉖ Japanese Culture 日本文化

(ジャパニーズ カルチャァ / にほんぶんか)

Sapporo Snow Festival
札幌雪祭り
Furano Lavender Fields
富良野ラベンダー畑
Kanto Festival
かんとう祭り
Nebuta Festival
ねぶた祭り
Kusatsu Hot Spring
草津温泉
Chusonji Temple
中尊寺金色堂
Tanabata Festival
七夕祭り
Nikko Toshogu Shrine
日光東照宮
Kanda Festival
神田祭り
Mount Fuji
富士山
Sensoji Temple
浅草寺
Nagoya Castle
名古屋城
Great Buddha of Kamakura
鎌倉の大仏

27 The World 世界（せかい）

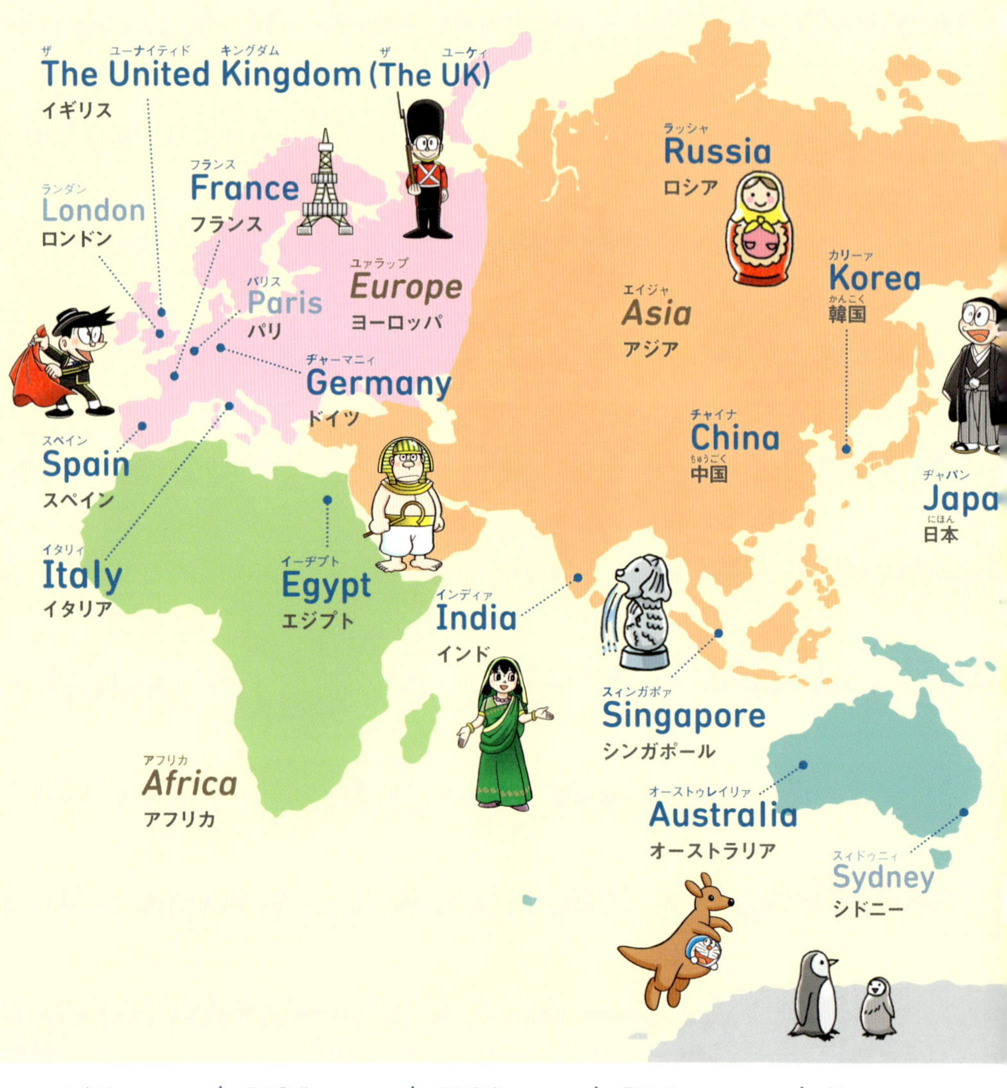

Norway ノルウェー	Finland フィンランド	Ireland アイルランド	Denmark デンマーク	Qatar カタール
Hungary ハンガリー	Belgium ベルギー	Turkey トルコ	Mongolia モンゴル	Yemen イエメン

The U. S. A.は The United States of America を短くしたものです。

これ、知ってる？…❶

こんなひとこと、言えたらいいね

会話をぐんと楽しくする魔法の言葉、短くても効果バツグンの英語を紹介します。さあ、気持ちをこめて発音練習をしてみましょう。

おどろいたとき

- Wow!　わあ！
- Really?　本当？
- Oh, no!　わあ、どうしよう！
- Oops!　おっと！　しまった！
- No way!　まさか！
- I can't believe it!　信じられない！
- Are you kidding?　じょう談でしょう？

いい知らせを聞いたとき

- That's great!　よかったね！
- How nice!　すてきね！

残念な話を聞いたとき

- That's too bad. / I'm sorry to hear that.　それは残念ね。

はげましたいとき

- Good luck!　幸運を！
- Take it easy!　気楽にね！
- You can do it!　きみならできるよ！
- Better luck next time!　この次はうまくいくといいね！

もう一度聞きたいとき

- Once again, please. / Excuse me? / Pardon?　もう一度お願いします。
- What?　え、何？

おうちのかたへ

品詞について…品詞は単語の意味や文の中での働きによって、単語を主に10に分類したものです。中学以上で学びますが、参考として記してあります。

名…名詞	代…代名詞
形…形容詞	冠…冠詞
副…副詞	動…動詞
前…前置詞	接…接続詞
間…間投詞	助…助動詞

英和辞典

英語の言葉の意味を調べる辞典です。
英単語が「ABC 順」に並んでいます。
それぞれ例文がついているので、
気に入った文は覚えて、実際に言ってみましょう！

Aa ［エィ］

a ［ア］ 英検

冠 1つの、ひとりの

I have **a** doughnut. Would you like **a** bite?
ドーナツを1つ、持っているよ。一口どう？

about ［アバウト］ 英検

① 副 ～ごろに、だいたい、およそ　② 前 ～について

① Come and see me at **about** 10:00.
10時ごろに会いに来てね。

② We learned **about** volunteering.
わたしたちはボランティアについて学びました。

active ［アクティヴ］

形 活発な

Nobita is an **active** child.
のび太は活発な子どもだね。

activity ［アクティヴィティ］

名 活動

My brother's after-school club **activity** is fun.
お兄さんの部活は楽しいね。

afraid ［アフレイド］

形 おそれて、こわがって

I'm **afraid** of that big dog.

あの大きな犬がこわいんだ。

after ［アフタァ］ 英検

前 ～の後に、～の次に

Let's go to the playground **after** lunch.

昼食の後に、校庭に行こうよ。

afternoon ［アフタァヌーン］ 英検

名 午後、昼過ぎ

We have no classes this **afternoon**.

今日の午後は授業がないんだ。

again ［アゲン］

副 もう一度、ふたたび

Let's try it **again**.

もう一度やってみよう。

Nice to see you **again**.

また会えてうれしい。

ago ［アゴゥ］

副 （今から）～前に

My father went to Kyoto three years **ago**.

お父さんは3年前に京都へ行ったよ。

album [アルバム] 英検

名 アルバム

I am putting my pictures in this **album**.
ぼくの写真をアルバムにはっているよ。

all [オール] 英検

形 全部の、すべての

I want to eat **all** the dorayaki.
どらやき、全部食べたいな。

along [アローング] 英検

① 副 連れて、前へ　② 前 ～に沿って

① Come **along** with me, Nobita.
のび太くん、いっしょに来てよ。

② Walk **along** the river.
川に沿って歩いて。

alphabet [アルファベット]

名 アルファベット

We learn the **alphabet**.
わたしたちはアルファベットを習うよ。

also [オールソウ] 英検

副 ～もまた

Doraemon is hungry. Suneo is **also** hungry.
ドラえもんはおなかがすいているよ。スネ夫もおなかがすいているよ。

always [オールウェイズ] 英検

副 いつも、常に

I **always** do my homework before dinner.
いつも晩ごはんの前に宿題をするよ。

am [アム] 英検 過去形 was[ワズ] ing形 being[ビーイング]

動 ～です、～にいる

I **am** 12 years old.
わたしは12才です。

A.M., a.m. [エイエム] 英検

午前

I get up at 7:00 **a.m.**
ぼくは午前7時に起きるよ。

American [アメリカン] 英検

❶ 形 アメリカの ❷ 名 アメリカ人

❶ This **American** T-shirt is nice.
このアメリカのTシャツはいいね。

among [アマング] 英検

前 ～の間に（で）

Doraemon is popular **among** children.
ドラえもんは子どもたちの間で人気だ。

⇒ 3つ（3人）以上の間で。

A B C D E F G H I J K L M N O P Q R S T U V W X Y Z

amusement park [アミューズマント パーク]

名 遊園地(ゆうえんち)

Wow! This **amusement park** is huge!

わあ、この遊園地、とっても大きいね！

an [アン] 英検

冠 1つの、ひとりの

I have **an** umbrella.

かさ1本、持ってるよ。

and [アンド] 英検

接 ～と～、そして

Suneo **and** Gian are playing catch together.

スネ夫とジャイアンはいっしょに
キャッチボールをしているよ。

angry [アングリィ]

形 おこった、腹を立てた

Gian looks very **angry**.

ジャイアンがとてもおこっているようだ。

animal [アニマル] 英検

名 動物

What **animals** do you want to see?
— I want to see the monkeys.
どんな動物が見たいの？
— さるが見たいな。

answer [アンサァ] 英検

過去形 answered[アンサァド]
ing形 answering[アンサァリング]

動 答える、(電話などに) 出る

I'll **answer** the question.
わたしが質問に答えます。

any [エニィ] 英検

形 (質問の文で) 何か、いくらか、(否定の文で) 何も、どれも

Do you have **any** questions? — Not for now.
何か質問はありますか？— 今はありません。

Sorry. I don't have **any** juice.
ごめんなさい。ジュースはないんです。

aquarium [アクウェァリアム]

名 水族館

There are alligators in the **aquarium**.
ワニが、この水族館にはいるわ。

A

are [アー] 英検 過去形 were[ワー] ing形 being[ビーイング]

動 ～です、～にいる

We are friends with Doraemon.
わたしたちはドラえもんの友だちです。

around [アラウンド] 英検

❶ 前 ～のまわりに ❷ 副 まわりに

❶ The dog ran around the pond.
その犬は、池のまわりを走ったよ。

❷ This track is 400 meters around.
このトラックは1周400メートルあるよ。

art [アート] 英検

名 芸術、美術

My sister goes to art school.
お姉さんは美術学校に行っているよ。

as [アズ] 英検

前 ～として

Kent is famous as a soccer player.
ケントはサッカー選手として有名だよ。

ask [アスク] 英検 過去形 asked[アスクト] ing形 asking[アスキング]

動 聞(き)く、頼(たの)む

メイ アィ アスク ユー ア クウェスチョン
May I **ask** you a question?
あなたに質問(しつもん)していいですか？

at [アット] 英検

前 (場所(ばしょ))～で、～に、(時刻(じこく))～に

アィ プレイド ベイスボール アット スクール
I played baseball **at** school.
学校(がっこう)で野球(やきゅう)をしたよ。

アィ ゴウ トゥ ベッド アット ナイン
I go to bed **at** 9:00.
わたしは9時(じ)に寝(ね)ます。

ate [エイト]

動 eat[イート]の過去形(かこけい)。食(た)べた

aunt [アント] 英検

名 おば

アィ ヴィズィッティド マィ アント イェスタァデイ
I visited my **aunt** yesterday.
昨日(きのう)おばさんの家(いえ)に行(い)きました。

Bb [ビー]

baby [ベイビィ] 複数形 babies[ベイビィズ]

名 赤ちゃん、赤ん坊

Babies cry a lot.

赤ちゃんはよく泣くね。

back [バック] 英検

副 後ろへ、もどって、帰って

I'll go **back** home.

うちに帰るよ。

bad [バッド] 英検

形 悪い、ひどい

What a **bad** dog!

悪い犬だね！

bag [バッグ] 英検

名 ふくろ、かばん

I want a new **bag**.

新しいかばんがほしいんだ。

My **bag** is big and brown.

ぼくのかばんは大きくて茶色いよ。

bake [ベイク]

過去形 baked[ベイクト]　ing形 baking[ベイキング]

動 ～を焼く

My mother **bakes** cookies.

わたしのお母さんは、クッキーを焼くよ。

ball [ボール] 英検

名 ボール、球

Oh, no!

The **ball** hit Gian on his head.

しまった！

ボールがジャイアンの頭に当たったよ。

balloon [バルーン]

名 風船

The **balloons** flew away.

風船が飛んでいっちゃった。

band [バンド] 英検

名 楽団、バンド

I play the trombone in the brass **band**.

わたしはブラスバンドでトロンボーンを吹いています。

basket [バスキット] 英検

名 バスケット、かご

Let's put flowers into the **basket**.

お花をバスケットに入れようよ。

bat [バット]

名 **バット**

This **bat** is too short.

このバットは短すぎるよ。

bath [バス] 英検

名 **ふろ**

I take a **bath** for 20 minutes every day.

毎日20分間おふろに入るよ。

bathroom [バスルーム] 英検

名 **浴室、トイレ**

May I go to the **bathroom**?

トイレに行ってもいいですか？

アメリカやヨーロッパの国などでは、浴室とトイレがいっしょになっているので、まとめてbathroomといいます。restroom（181ページ）も見ましょう。

be [ビィ] 英検 過去形 was[ワズ], were[ワー] ing形 being[ビーイング]

動 **～です、～にいる**

Be nice to your little brother.

弟にやさしくしなさい。

I'll **be** home next Sunday.

次の日曜日は家にいます。

A B C D E F G H I J K L M N O P Q R S T U V W X Y Z

beach [ビーチ] 複数形 beaches [ビーチズ]

名 浜辺(はまべ)、海辺(うみべ)

スネオ イズ リラックスィング アット ザ ビーチ
Suneo is relaxing at the **beach**.
スネ夫(お)が浜辺(はまべ)でくつろいでいるよ。

beautiful [ビュータフル] 英検

形 美(うつく)しい、きれいな

ルック (ホ)ワット ア ビュータフル ガードゥン
Look! What a **beautiful** garden!
見(み)て、なんてきれいな庭(にわ)！

bed [ベッド] 英検

名 ベッド

アイム ソウ スリーピィ ゴウ トゥ ユア ベッド アンド テイク ア ナップ
I'm so sleepy. — Go to your **bed**, and take a nap.
すごく眠(ねむ)たい。— ベッドに行(い)って昼寝(ひるね)をしたら？

(ホ)ワット タイム ドゥ ユー ゴウ トゥ ベッド アイ ユージュアリィ ゴウ トゥ ベッド アット テン
What time do you go to **bed**? — I usually go to **bed** at 10:00.
何時(なんじ)に寝(ね)るの？— たいてい10時(じ)に寝(ね)るよ。

go(ゴウ) to(トゥ) bed(ベッド)で「寝(ね)る」という意味(いみ)です。

bedroom [ベッドルーム] 英検

名 寝室(しんしつ)

ウィー ハヴ スリー ベッドルームズ イン アウァ ハウス
We have three **bedrooms** in our house.
うちには寝室(しんしつ)が3つあります。

A B C D E F G H I J K L M N O P Q R S T U V W X Y Z

before [ビフォア] 英検

前 ～の前(まえ)に、～より先(さき)に

Come home **before** five o'clock, OK?
(カム ホウム ビフォア ファイヴ アクラック オウケィ)

5時前(じまえ)に帰(かえ)ってくるんだよ、いいかい？

begin [ビギン] 英検

過去形 began[ビギャン]
ing形 beginning[ビギニング]

動 ～を始(はじ)める

It **began** to snow.
(イット ビギャン トゥ スノウ)

雪(ゆき)がふり始(はじ)めたね。

behind [ビハインド]

前 ～の後(うし)ろに、～のかげに

The soccer field is **behind** the school.
(ザ サッカァ フィールド イズ ビハインド ザ スクール)

サッカー場(じょう)は学校(がっこう)の後(うし)ろです。

best [ベスト]

❶ 形 最(もっと)もよい ❷ 副 最(もっと)もよく、いちばん

❷ I like strawberries **best**.
(アィ ライク ストゥローベリィズ ベスト)

いちごがいちばん好(す)きです。

better [ベタァ] 英検

❶ 形 よりよい ❷ 副 よりよく

❷ You can play tennis **better** than I.
(ユー キャン プレィ テニス ベタァ ザン アィ)

あなたの方(ほう)がわたしよりテニスが上手(じょうず)よ。

between [ビトゥウィーン]

前 ～の間に

There is a bookstore **between** the hospital and the school.
病院と学校の間に本屋さんがあるよ。

big [ビッグ] 英検

形 大きい

Elephants have **big** ears.
ゾウには大きな耳があるよ。

bird [バード] 英検

名 鳥

Look up! The brown **birds** are flying in a line.
上を見て！ 茶色の鳥が一列になって飛んでいるよ。

birthday [バースデイ] 英検

名 誕生日

When is your **birthday**? — It's September 3.
あなたのお誕生日はいつですか？—9月3日です。

bitter [ビタァ]

形 にがい

My father likes **bitter** chocolate.
お父さんはにがいチョコが好きなんだ。

book [ブック] 英検

名 本

My school library has many **books**.
ぼくの学校の図書室にはたくさんの本があるよ。

box [バックス] 英検 複数形 boxes[バックスィズ]

名 箱

May I use this **box**? — Sure, go ahead.
この箱を使ってもいい？— もちろん、どうぞ。

boy [ボーイ] 英検

名 男の子、少年

Do you know that **boy**? — He is a new student.
あの男の子を知っている？— かれは転校生だよ。

brave [ブレイヴ] 英検

形 ゆうかんな

The samurai was **brave**.
さむらいはゆうかんだった。

breakfast ［ブレックファスト］ 英検

名 朝食

I eat bread and yogurt for **breakfast**.

朝ごはんにはパンとヨーグルトを食べるよ。

bridge ［ブリッヂ］ 英検

名 橋

We see two **bridges** over the river.

その川には2つの橋が見えるよ。

bring ［ブリング］

過去形 brought［ブロート］
ing形 bringing［ブリンギング］

動 ～を持ってくる、～を連れてくる

Bring your racket. Let's play tennis.

ラケットを持ってきて。テニスをしよう。

broken ［ブロウカン］

形 こわれた

Oh, no! My toy is **broken**.

あ～！　ぼくのおもちゃがこわれちゃった。

A B C D E F G H I J K L M N O P Q R S T U V W X Y Z

brother [ブラザァ] 英検

名 兄、弟、兄弟

Do you have any **brothers** or sisters?
— Yes, I do. I have a younger **brother**.

きょうだいはいる?
— うん。弟がいるよ。

英語では、ふつう兄と弟を区別しません。区別したいときには、弟なら younger brother [ヤンガァ ブラザァ]
あるいは little brother [リトゥル ブラザァ]、
兄なら older brother [オウルダァ ブラザァ]
あるいは big brother [ビッグ ブラザァ] といいます。

brush [ブラッシュ] 英検

複数形 brushes [ブラッシィズ]
三単現 brushes [ブラッシィズ]
過去形 brushed [ブラッシュト]
ing形 brushing [ブラッシング]

❶ 名 ブラシ

❷ 動 ブラシをかける、みがく、ぬる

❷ I **brush** my teeth after every meal.
食事の後は、いつも歯をみがきます。

What time do you **brush** your teeth?
— I **brush** my teeth at seven thirty.
何時に歯をみがく?
— 7時半だよ。

build [ビルド]

過去形 built [ビルト]　ing形 building [ビルディング]

動 ~を作る、~を建てる

My younger sister **builds** houses with blocks.
妹はおもちゃのブロックでおうちを作ります。

busy [ビズィ]

形 いそがしい

I'm **busy** with my homework.

ぼくは宿題でいそがしいんだ。

but [バット] 英検

接 しかし、だけど

I don't like carrots, **but** I ate them all.

にんじんはきらいだけど、全部食べたよ。

buy [バィ] 英検 過去形 bought[ボート] ing形 buying[バィイング]

動 ～を買う

What do you want to **buy** for a snack?
— I want to **buy** dorayaki.

何をおやつに買いたいの？— どらやきを買いたいな。

I **bought** a Japanese doll for my American friend.

アメリカの友だちに日本の人形を買ったよ。

by [バィ] 英検

前 (手段、方法) ～によって、～で、～のそばに、～までに

How do you go to school? — **By** bus.

どうやって学校に行くの？— バスで。

The vase is **by** the window.

花びんは窓のそばにあるよ。

bye [バィ]

間 さよなら

Bye for now, Nobita.
— See you, Shizuka.
のび太さんバイバイ。
— またね、しずかちゃん。

これ、知ってる？… ❷

学校で使う英語　Classroom English

学校の授業が始まるときや授業中によく使われる英語を学びましょう。「何かをしよう」というときには、Let'sを使うと便利です。

授業の始まり

- Let's start the English lesson.　英語の授業をはじめましょう。
- Open your textbooks to page 11.　教科書の11ページを開いて。
- Is everyone here?　みんないますか？
  — No, Emi is absent.　いいえ、えみが休みです。

授業中

- Who knows this answer?　答えがわかる人は？
  — I do!　わかります。
- Let's sing a song.　歌を歌いましょう。
  — All right.　はい。

Cc ［スィー］

cafeteria ［キャフェティアリア］

名 カフェテリア

Let's eat lunch at the cafeteria.

カフェテリアでランチしようよ。

California ［キャラフォーニャ］ 英検

名 カリフォルニア

California is warm.

カリフォルニアはあたたかい。

call ［コール］ 英検 過去形 called［コールド］ ing形 calling［コーリング］

① 動 呼ぶ ② 動 ～に電話をかける

① We call the hamster "Lucky."

わたしたちはそのハムスターをラッキーと呼んでいます。

② I'll call you back later.

後で電話をかけ直します。

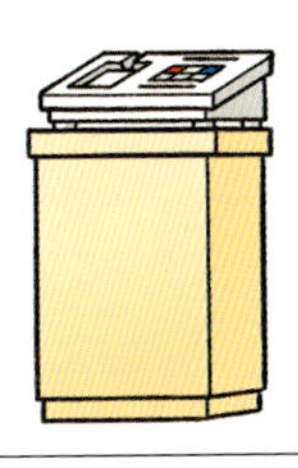

camera [キャマラ] 英検

名 カメラ

Did you get a new camera? — Yes. Here it is.
新しいカメラ、買ってもらったの？— うん。これだよ。

camp [キャンプ] 英検

❶ 名 キャンプ、キャンプ場 ❷ 動 キャンプをする

❷ Nobita goes camping every weekend.
のび太は毎週末キャンプに行きます。

camping [キャンピング] 英検

名 キャンピング

This lake is good for camping.
この湖はキャンピングにいいよ。

can [キャン] 英検

❶ 助 ～できる ❷ 名 （カンづめなどの）カン

❶ I can swim 50 meters.
わたし、50メートル泳げるわよ。

Can you run fast? — Yes, I can. (No, I can't.)
速く走れる？— うん。走れるよ。（走れないよ。）

❷ We should not throw away cans on the road.
道路にカンを捨ててはいけません。

card [カード]

名 カード、(cards で) トランプ

Let's play **cards**! — Sure!

トランプしようよ！— いいよ！

Shizuka and Nobita played **cards** yesterday.

しずかちゃんとのび太は昨日トランプをしました。

careful [ケアフル]

形 注意深い

Be **careful**! The milk is very hot.

気をつけて！ ミルクはとても熱いよ。

case [ケイス] 英検

名 箱、ケース

This is Shizuka's pencil **case**.

これはしずかちゃんの筆箱だよ。

cat [キャット] 英検

名 ねこ

I have a white **cat**.

わたしは白いねこを飼っている。

catch ［キャッチ］ 英検

三単現 catches［キャッチズ］ 過去形 caught［コート］ ing形 catching［キャッチング］

動 ～をとらえる、つかまえる

Can you **catch** a dragonfly?
— I hope I can.

トンボをつかまえられる？
— つかまえられるといいな。

CD ［スィーディー］ 英検

名 CD。(compact disk の略)

Let's listen to this **CD**. — Sure.

このCDを聞きましょう。— いいね。

cell phone ［セル フォウン］ 英検

名 携帯電話

We cannot use **cell phones** in the movie theater.

映画館では携帯電話は使用禁止だよ。

cent ［セント］ 英検

名 セント（お金の単位）

One dollar is 100 **cents**.

1ドルは100セントよ。

center ［センタァ］ 英検

名 中心地、センター

I want to go to the shopping **center**.

ショッピングセンターに行きたい。

centimeter [センタミータァ] 英検

名 センチメートル

This ruler is 30 **centimeters** long.

このものさしは30センチです。

central [セントゥラル] 英検

形 中心的な、主要な

The Tower of London is in **central** London.

ロンドン塔は、ロンドンの中心にあるよ。

ceremony [セラモウニィ]

名 儀式

The entrance **ceremony** is in spring.

入学式は春にあるね。

change [チェインヂ]

過去形 changed [チェインヂド]
ing形 changing [チェインヂング]

動 変わる、変える、取りかえる

Change your shirt.

シャツを着がえなさい。

check [チェック] 英検

過去形 checked [チェックト]
ing形 checking [チェッキング]

動 チェックする

Check your answers.

答えをチェックしてね。

chess [チェス] 英検

名 チェス

Chess is like shogi.
チェスは将棋みたいだね。

child [チャイルド] 英検 複数形 children[チルドゥラン]

名 子ども

I am an only child.
わたしはひとりっ子です。

children [チルドゥラン]

名 child [チャイルド] の複数形。子どもたち

People eat kashiwa mochi
on Children's Day.
こどもの日にはかしわもちを食べるね。

Chinese [チャイニーズ] 英検

① 名 中国人、中国語 ② 形 中国の

① How do you say “hello” in Chinese? — “Ni Hao.”
中国語で「こんにちは」は何と言うの？—「ニーハオ」。

② Chinese dishes are delicious.
中華料理はおいしいです。

chip [チップ] 英検

名 (chips で) ポテトチップス (= potato chips)

Nobita likes potato **chips**.
のび太はポテトチップスが好きだ。

chopsticks [チャップスティックス]

名 はし

Asian people often use **chopsticks**.
アジアの人はよくおはしを使うよ。

Christmas [クリスマス]

名 クリスマス

We have a party on **Christmas** Day.
クリスマスにはパーティーをします。

Russians have **Christmas** on January 7.
ロシアのクリスマスは1月7日だよ。

Xmasとも書きます。

city [スィティ] 英検 複数形 cities[スィティズ]

名 都市、市、大きな町

New York is a large city.
ニューヨークは大きな都市だよ。

class [クラス] 英検

名 授業、クラス、学級

P.E. class is fun.
体育の授業は楽しいな。

classmate [クラスメイト] 英検

名 クラスメート、同級生

My parents were classmates in high school.
わたしの両親は高校の時の同級生よ。

classroom [クラスルーム] 英検

名 教室

Our classroom is on the third floor.
わたしたちの教室は3階だよ。

clean [クリーン] 英検

過去形 cleaned[クリーンド]
ing形 cleaning[クリーニング]

❶ 動 ～をきれいにする、そうじする　❷ 形 きれいな

❶ I **cleaned** the bathroom on Sunday.
日曜日におふろをそうじしました。

❷ I need a **clean** towel.
きれいなタオルが必要なんだ。

clock [クラック] 英検

名 時計

That **clock** is five minutes fast.
あの時計は5分進んでいます。

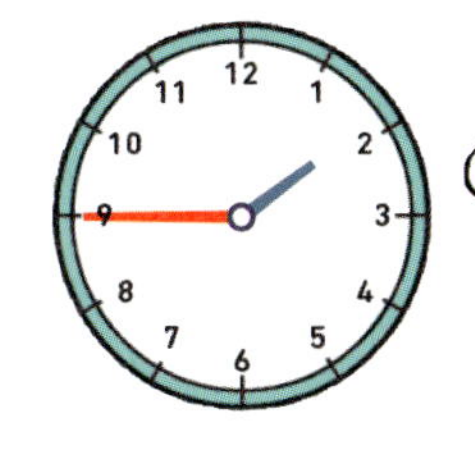

close [クロウズ] 

過去形 closed[クロウズド]
ing形 closing[クロウズィング]

動 ～を閉める、閉じる

Close the door tightly.
ドアをしっかり閉めて。

Can you **close** the window? — Sure!
窓を閉めてもらえる？ — いいよ！

cloud [クラウド]

名 雲

I see some **clouds** in the sky.
空に雲が見えるよ。

cloudy [クラウディ] 英検

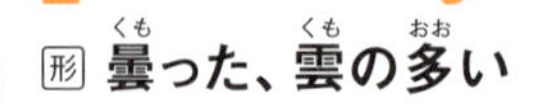

形 曇った、雲の多い

Look at the **cloudy** sky.
曇り空を見てよ。

club [クラブ] 英検

名 クラブ、部

What after-school **club** are you in?
— I'm in the school cooking **club**.
何のクラブに入っているの？
— 料理クラブに入っているんだ。

日本のクラブにあたるものは欧米の学校にはあまりありません。

coin [コイン] 英検

名 コイン、硬貨

My grandmother has a silver **coin**.
おばあさんは銀貨をもっているよ。

cold [コウルド] 英検

❶ 形 寒い、冷たい　❷ 名 かぜ

❶ Finland is very **cold** in the winter.
フィンランドの冬はすごく寒いよ。

❷ I have a **cold**.
かぜをひいちゃった。

college [カリッヂ] 英検

名 大学（単科大学）

My cousin goes to **college**.
わたしのいとこは大学に行っているよ。

color [カラァ] 英検

名 色

What **color** do you like best?
何色がいちばん好き？

come [カム] 英検 過去形 came[ケイム] ing形 coming[カミング]

動 来る、（相手の方へ）行く

Come here. The train is **coming**.
こっちに来て。電車が来たよ。

I'm **coming** to the party.
わたし、パーティーに行くよ。

comic book [カミック ブック] 英検

まんが本、コミックス

I read this **comic book**.
— Was it good?
このまんが、読んだよ。
— おもしろかった？

computer [カンピュータァ] 英検

名 コンピュータ

I don't have a **computer**.
My friends all play **computer** games.
ぼく、コンピュータを持っていないんだ。
友だちはみんなコンピュータゲームをするのに。

concert [カンサート] 英検

名 コンサート

The **concert** is in the city hall.
コンサートは市役所であるよ。

congratulation [カングラチュレイション]

間 (Congratulations で) おめでとう

Congratulations on your graduation.
ご卒業おめでとうございます。

がんばって何かをできたときに使うので、お正月や誕生日のお祝いには使いません。

cook [クック] 英検

過去形 cooked [クックト]
ing形 cooking [クッキング]

❶ 動 料理する　❷ 名 コック、料理をする人

❶ My dad **cooks** curry very well.
お父さんはとても上手にカレーを作るよ。
Kay is **cooking** noodles.
ケイはめん料理を作っているよ。

❷ My mom is a good **cook**.
ママは料理がうまいんだ（＝ママはよい料理人だ）。

cookbook [クックブック] 英検

名 料理本

This cookbook is my mother's.
この料理本はわたしのお母さんのよ。

cooking [クッキング] 英検

名 料理

I'm in the cooking club at school.
わたしは学校で料理クラブに入っています。

cool [クール] 英検

形 すずしい、かっこいい

The weather is cool in Hokkaido.
北海道はすずしいよ。

His necktie is cool.
かれのネクタイはかっこいい。

country [カントゥリィ] 英検

名 国、いなか

I want to live in a foreign country.
外国に住んでみたいな。

A B C D E F G H I J K L M N O P Q R S T U V W X Y Z

course ［コース］ 英検

名 コース、進路

I'm in the basic **course**.

基本のコースにいるんだ。

Do you like English? — Of **course** I do.

英語は好き？ — もちろん。

of course は「もちろん」という意味です。

cousin ［カズン］

名 いとこ

My **cousins** live in Korea.

わたしのいとこたちは韓国に住んでいるのよ。

cream ［クリーム］ 英検

名 クリーム、(ice cream で) アイスクリーム

I like chocolate ice **cream**.

チョコレートアイスが好き。

cry ［クライ］ 英検

三単現 cries［クライズ］ 過去形 cried［クライド］ ing形 crying［クライイング］

動 泣く、さけぶ

The baby is **crying**. She must be hungry.

赤ちゃんが泣いているよ。きっとおなかがすいているんだよ。

Please don't **cry**.

泣かないで。

curry [カーリィ] 英検

名 カレー

ヂャイアン アンド スネオ ハド カーリィ アンド ライス
Gian and Suneo had **curry** and rice.

ジャイアンとスネ夫(お)はカレーライスを食(た)べたよ。

カーリィ アンド ライス
curry and rice は「カレーライス」という意味(いみ)です。

curtain [カートゥン] 英検

名 カーテン

クロウズ ザ カートゥンズ プリーズ
Close the **curtains**, please.

カーテンを閉(し)めてくださいね。

cut [カット]

過去形 cut[カット]
ing形 cutting[カッティング]

動 ～を切(き)る、かる

イッツ タイム トゥ カット ザ ケイク
It's time to **cut** the cake.

ケーキを切(き)る時間(じかん)ですよ。

cute [キュート] 英検

形 かわいい

ラビッツ アー キュート
Rabbits are **cute**.

うさぎはかわいいね。

cycling [サイクリング] 英検

名 サイクリング

ズィス バイク イズ グッド フォァ サイクリング
This bike is good for **cycling**.

この自転車(じてんしゃ)はサイクリングにいいね。

Dd [ディー]

dad [ダッド] 英検

名 パパ、お父さん

My dad often goes abroad on business.
ぼくのお父さん、よく海外に出張するよ。

father (104ページ)も見ましょう。
小さい子どもはdaddyともいい、ともに話し言葉で使います。

dance [ダンス] 英検

過去形 danced [ダンスト]
ing形 dancing [ダンスィング]

① 動 おどる ② 名 おどり、ダンス

① I love to dance on stage.
ステージでおどるの、大好き。

dancing [ダンスィング] 英検

名 ダンスをすること、ダンス

That's hip-hop dancing.
それはヒップホップのダンスね。

date [デイト] 英検

名 日づけ

What's the date today? — It's May 5.
今日は何日？— 5月5日。

daughter ［ドータァ］ 英検

名 むすめ

Shizuka is an only **daughter**.

しずかちゃんはひとりむすめです。

day ［デイ］ 英検

名 日、一日、昼間

Have a nice **day**! — You too.

よい一日を！— あなたも。

dear ［ディア］

形 親愛な、いとしい

Dear Mary,
How are you doing?

(手紙の始めに) メアリーさんへ
お元気ですか？

delicious ［ディリシャス］

形 おいしい

Steak is always **delicious**.

ステーキはいつもおいしいね。

desert ［デザァト］

名 砂漠

The Sahara **Desert** is the largest in the world.

サハラ砂漠は世界最大だよ。

desk [デスク] 英検

名 机

My **desk** is messy.
ぼくの机、きたないんだ。

dessert [ディザート] 英検

名 デザート

What would you like to have for **dessert**?
デザートに何が食べたいの？

diary [ダイアリィ] 英検

名 日記

Shizuka keeps a **diary** every day.
しずかちゃんは毎日日記をつけています。

dictionary [ディクショネリィ] 英検

複数形 dictionaries [ディクショネリィズ]

名 辞書

We are going to use Japanese **dictionaries** tomorrow.
明日国語辞典を使います。

did [ディッド] 英検

① 動 do [ドゥ] の過去形。した　② 助 過去の疑問文・否定文を作る

② **Did** you have a nice trip?
— Yes, it was great.
旅行はよかった？
— はい、すごくよかったです。

dining room [ダイニング ルーム] 英検

名 ダイニングルーム、食堂

There is a round table in the **dining room**.
ダイニングルームに丸いテーブルがあるよ。

dinner [ディナァ] 英検

名 ディナー（一日の主要な食事、主に夕食を指す）

What's for **dinner**? — Curry and rice.
夕食は何？— カレーライスよ。

I want grilled fish for **dinner**.
夕食に焼き魚を食べたい。

dish [ディッシュ] 英検 複数形 dishes[ディッシズ]

① 名 皿　② 名 料理

① Will you wash the **dishes**? — Sure.
お皿を洗ってくれる？— いいよ。

② Japanese **dishes** are very healthy.
日本料理はとても健康にいいんだよ。

do [ドゥ] 英検

三単現 does[ダズ]　過去形 did[ディッド]
ing形 doing[ドゥイング]

動 する、行う

Let's **do** the gesture.
ジェスチャーをしよう。

Can you **do** judo? — No, I can't.
柔道ができる？— できないよ。

Shizuka **does** her homework after dinner.
しずかちゃんは晩ごはんの後宿題をするよ。

doctor [ダクタァ] 英検

名 医者

Go see a **doctor** if you feel sick.
具合が悪いなら、お医者さんにみてもらいなさい。

does [ダズ] 英検

過去形 did[ディッド]　ing形 doing[ドゥーイング]

① 動 do [ドゥ] の三人称単数現在形。する、行う
② 助 疑問文・否定文を作る

② **Does** Shizuka practice the piano every day?
しずかちゃんは毎日ピアノを練習しますか？

dog [ドーグ] 英検

名 犬

My friend has a **dog**.
わたしの友だちは犬を飼っている。

doghouse [ドーグハウス] 英検

名 犬小屋

I painted the **doghouse** yesterday.
昨日、犬小屋をペンキでぬりました。

doll [ダール] 英検

名 人形

I'm looking for a **doll** for my little sister.
妹のために、お人形さんを探しているんです。

dollar [ダラァ] 英検

名 ドル。アメリカ、カナダ、オーストラリアなどのお金

How much is this bicycle?
— It's 98 **dollars**.
この自転車はいくら？ — 98ドルだよ。

don't [ドウント]

do notの短縮形

I **don't** like snakes.
ヘビはきらい。

door [ドァ] 英検

名 ドア、戸

Can you open the **door** for me?
— Sure.
ドアを開けてくれる？ — いいよ。

A B C D E F G H I J K L M N O P Q R S T U V W X Y Z

down [ダウン] 英検

副 下に、下へ

Go **down** the stairs.
階段を下りて。

dragon [ドゥラガン] 英検

名 ドラゴン

Dragons fly high.
ドラゴンは高く飛ぶ。

drama [ドゥラーマ]

名 ドラマ

My favorite TV **drama** is on Friday.
お気に入りのテレビドラマは毎週金曜日にあるんだ。

drank [ドゥランク]

動 drink [ドゥリンク] の過去形。飲んだ

draw [ドゥロー]

過去形 drew [ドゥルー]
ing形 drawing [ドゥローイング]

動 （ペン・えん筆などで）絵をかく、線を引く

Please **draw** a picture of Doraemon.
ドラえもんの絵をかいてください。

paint（168ページ）も見ましょう。

dream [ドゥリーム]

過去形 dreamed[ドゥリームド]
ing形 dreaming[ドゥリーミング]

❶ 名 夢　❷ 動 夢を見る

❶ My **dream** is to be a professional baseball player.
ぼくの夢は、プロ野球選手になることだよ。

drink [ドゥリンク] 英検

過去形 drank[ドゥランク]
ing形 drinking[ドゥリンキング]

動 ～を飲む

What would you like to **drink**? — I'd like some soda pop.
何を飲みたいですか？― 炭酸飲料をください。

I **drank** a lot of water.
わたしは水をたくさん飲んだわ。

drive [ドゥライヴ]

過去形 drove[ドゥロウヴ]
ing形 driving[ドゥライヴィング]

動 (車を) 運転する、車で行く

My dad **drives** to work.
ぼくのお父さんは車で仕事に行きます。

driver [ドゥライヴァ] 英検

名 運転手

The **driver** drives very well.
この運転手は運転がうまいよ。

DVD [ディーヴィーディー] 英検

名 ディーブイディー

I want to watch this **DVD**.
このDVDを見たいな。

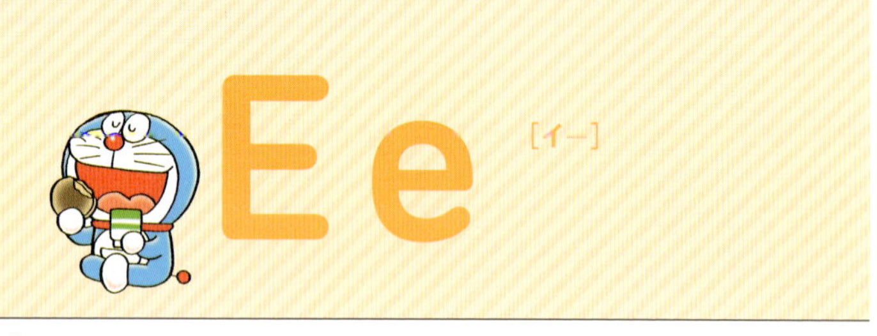

each [イーチ]

形 おのおのの、それぞれの

Each student has a name tag.
（イーチ ストゥードゥント ハズ ア ネイム ターグ）

それぞれの生徒(せいと)が名札(なふだ)をつけています。

early [アーリィ] 英検

❶ 形 早(はや)い　❷ 副 早(はや)く

❷ My mom gets up early every morning.
（マィ マム ゲッツ アップ アーリィ エヴリィ モーニング）

わたしのお母(かあ)さんは毎朝(まいあさ)早(はや)く起(お)きます。

earth [アース]

名 地球(ちきゅう)、地面(じめん)

The earth looks blue from space.
（ズィ アース ルックス ブルー フラム スペイス）

地球(ちきゅう)は宇宙(うちゅう)からは青(あお)く見(み)えます。

easy [イーズィ] 英検

形 やさしい、簡単な

Walking on the balance beam is easy for Shizuka.
平均台の上を歩くのは、しずかちゃんにはやさしいよ。

eat [イート] 英検 過去形 ate[エイト] ing形 eating[イーティング]

動 ～を食べる、食事をする

The students eat lunch at the cafeteria.
生徒はカフェテリアで昼ごはんを食べます。

The pandas ate leaves.
パンダは葉を食べたよ。

education [エヂュケイション]

名 教育

“Education first,” Malala said.
「教育を第一に」とマララは言った。

elementary school [エラメンタリィ スクール]

名 小学校

Our elementary school is near the station.
わたしたちの学校は駅の近くだよ。

e-mail ［イーメイル］ 英検

① 名 Eメール　② 動 Eメールする

① I got your **e-mail**.
きみのメール届いたよ。

English ［イングリッシュ］ 英検

① 名 英語　② 形 英語の、イングランド（人）の

① I like to study **English**.
英語を勉強するのが好きなんだ。

I have **English** class on Monday.
月曜日は英語の授業があるよ。

enjoy ［エンヂョィ］ 英検

過去形 enjoyed［エンヂョィド］
ing形 enjoying［エンヂョィイング］

動 ～を楽しむ

We **enjoy** playing tennis.
わたしたちはテニスを楽しんでいます。

entrance ［エントゥランス］

名 入り口

Take off your shoes at the **entrance**.
入り口でくつをぬいでください。

evening ［イーヴニング］ 英検

名 夕方、晩

I'll call you this **evening**.
今晩に電話するよ。

event [イヴェント]

名 行事、イベント

School events are fun.
学校の行事は楽しいな。

every [エヴリィ] 英検

形 毎～、～ごとに、すべての

I have swimming lessons every Tuesday.
毎週火曜日には水泳教室があるよ。

everyone [エヴリィワン] 英検

代 だれでも、みんな

Everyone listened to Suneo.
みんながスネ夫の話を聞きました。

everything [エヴリィスィング]

代 何でも、すべてのもの

Put everything into your bags.
持ち物はみんな、かばんに入れて。

exam ［イグザム］ 英検

名 試験、テスト

We took an English **exam** yesterday.

わたしたちは昨日、英語のテストを受けました。

excited ［イクサイティド］

形 わくわくした、興奮した

I'm **excited** about the school trip.

遠足、わくわくするな。

exciting ［イクサイティング］

形 わくわくさせる

Amusement parks are **exciting**.

遊園地はわくわくする。

excuse ［エクスキューズ］ 英検

過去形 excused［エクスキューズド］
ing形 excusing ［エクスキューズィング］

動 ～を許す

Excuse me for being late.

おくれてすみません。

⇒ excuse meで「すみません」という意味です。

fall [フォール] 英検 過去形 fell[フェル] ing形 falling[フォーリング]

① 動 落ちる、転ぶ、たおれる　② 名 秋

① Hurry up, but don't **fall** down.
急いで。でも転ばないでね。

family [ファマリィ] 英検 複数形 families[ファマリィズ]

名 家族

I have a big **family**.
うちは大家族です。

famous [フェイマス]

形 有名な

This temple is very old and **famous**.
この寺はとても古くて有名なんだ。

Kanazawa is **famous** for Kenrokuen Garden.
金沢は兼六園で有名だよ。

fan [ファン]

① 名 ファン　② 名 うちわ

① I'm a big **fan** of baseball.
野球の大ファンなんだ。

A B C D E F G H I J K L M N O P Q R S T U V W X Y Z

fantastic ［ファンタスティック］

形 とてもすてきな

This movie is **fantastic**!
この映画はとてもすてき！

fashion ［ファッション］

名 ファッション、流行

I want to be a **fashion** model.
ファッションモデルになりたいな。

fast ［ファスト］ 英検

① 形 速い　② 副 速く

② The Shinkansen goes very **fast**.
新幹線はすごく速いよ。

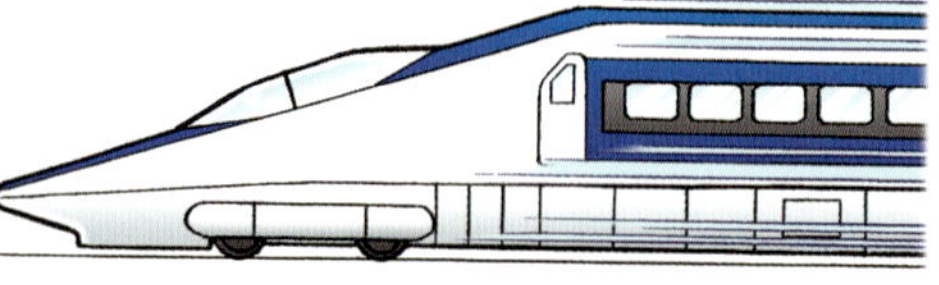

fat ［ファット］

形 太った

Oh,no! My cat is getting **fat**.
わあ大変！　ぼくのねこ、太ってきたよ。

father ［ファーザァ］ 英検

名 父

My **father** works at a hospital.
ぼくの父は病院で働いています。

favorite ［フェイヴァリット］ 英検

形 お気に入りの、いちばん好きな

My **favorite** sport is soccer.
ぼくの好きなスポーツはサッカーだよ。

Ferris wheel ［フェリス ホウィール］

名 観覧車

The **Ferris wheel** goes round and round.
観覧車はぐるぐるまわるよ。

festival ［フェスタヴァル］ 英検

名 祭り、祭典

The Doll's **Festival** is on March 3.
ひな祭りは3月3日だよ。

few ［フュー］ 英検

形 ほとんどない。（a fewで）少数の、少しの

Our coach will be back in a **few** minutes.
コーチは2～3分で戻るよ。

final ［ファイヌル］ 英検

形 最後の、最終の

We have **final** exams next week.
来週、期末試験があります。

A B C D E F G H I J K L M N O P Q R S T U V W X Y Z

find [ファインド] 英検

過去形 found[ファウンド]
ing形 finding[ファインディング]

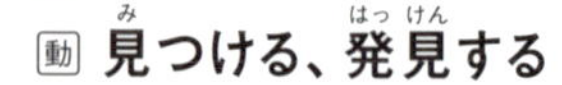

動 見つける、発見する

Oh, no! I can't **find** my key.
どうしよう！　かぎが見つからないよ。

fine [ファイン] 英検

形 元気な、りっぱな、結構な

How are you doing?
— I'm **fine**, thank you.
元気？— 元気よ。

More juice?
— No, I'm **fine**, thank you.
もっとジュースをいかが？
— いえ、結構です。ありがとう。

finish [フィニッシュ] 英検

三単現 finishes[フィニッシズ]
過去形 finished[フィニッシュト]　ing形 finishing[フィニッシング]

動 ～を終える、終わる

Finish this by two o'clock.
2時までにこれを終わらせてね。

fire [ファイア]

名 火、火事

The forest **fire** spread.
森林火災がひろがった。

firework [ファイァワーク]

名 (fireworksで) 花火

Fireworks are colorful.
花火はカラフルだね。

first [ファースト] 英検

❶ 形 1番目の、最初の ❷ 副 最初に、まず

❶ This is my first trip to Indonesia.
これがぼくのはじめてのインドネシア旅行です。

❷ Write your name first.
まず、名前を書いて。

fish [フィッシュ] 英検

名 魚

We'll have grilled fish for the BBQ.
バーベキューでは焼き魚を食べましょう。

fishing [フィッシング] 英検

名 釣り

My grandfather's hobby is fishing.
おじいさんの趣味は釣りだよ。

flag [フラッグ]

名 旗

It's fun to learn about **flags**.

旗のことを学ぶのは楽しいよね。

flight [フライト]

名 飛行、便

Have a nice **flight**.

よい空の旅を。

floor [フロァ] 英検

名 床、階

Suneo will clean the **floor**.

スネ夫は床をきれいにするよ。

The lunch room is on the third **floor**.

ランチルームは3階だよ。

flower [フラウァ] 英検

名 花

I like this **flower**.

この花、好きだな。

In spring, we can see many beautiful **flowers**.

春にはきれいな花がたくさん見られるよ。

fly [フライ] 英検

三単現 flies[フライズ] 過去形 flew[フルー]
ing形 flying[フライイング]

動 飛ぶ

Look! Birds are **flying** over there!
見て！ あそこ、鳥が飛んでいるよ！

Doraemon is **flying** with the Takecopter.
ドラえもんはタケコプターで飛んでいるよ。

food [フード] 英検

名 食べ物、食料、料理

Do you like Chinese **food**? — Yes, I do.
中華料理は好き？ — 好きだよ。

for [フォア] 英検

前 ～のために、～の間

This is **for** you. — Thank you.
これ、あなたに。— ありがとう。

forget [ファゲット]

過去形 forgot[ファガット]
ing形 forgetting[ファゲッティング]

動 ～を忘れる

Don't **forget** your umbrella.
かさを忘れないで。

I **forgot** to bring my textbook.
教科書持ってくるの、忘れちゃった。

French [フレンチ] 英検

❶ 名 フランス人、フランス語　❷ 形 フランス人の、フランス語の

❶ Marie speaks **French** very well.
マリーはフランス語をとても上手に話すよ。

❷ Kent's friend is **French**.
ケントの友だちはフランス人よ。

fresh [フレッシュ]

形 新鮮な、新しい

These foods are **fresh**.
これらの食べ物は新鮮だ。

friend [フレンド] 英検

名 友だち

Shizuka has many **friends**.
しずかちゃんには友だちがたくさんいるよ。

This is my **friend**, Doraemon.
これは、ぼくの友だちのドラえもんです。

friendly [フレンドゥリィ]

形 やさしい、親しい

The police officer is **friendly**.
その警察官はやさしい。

from [フラム] 英検

前 ～から

I walk from my house to school.
ぼくは家から学校まで歩いて行きます。

Our summer vacation is from June to August.
ぼくたちの夏休みは6月から8月までだ。

from A to Bで「AからBまで」という意味です。

fruit [フルート] 英検

名 果物

Apples, oranges and other fruits are on the table.
りんごやオレンジ、そのほかの果物がテーブルの上にあります。

fry [フライ]

❶ 名 フライ　❷ 動 いためる、あげる

❶ I love French fries.
わたしはフライドポテトが大好きだわ。

full [フル]

形 (～で) いっぱいの、満ちた

This box is full of candy.
この箱はキャンディでいっぱいです。

I'm full.
おなかがいっぱいだ。

A B C D E F G H I J K L M N O P Q R S T U V W X Y Z

fun [ファン]

名 おもしろいこと、楽しみ

It's fun to play baseball.

野球をするのは楽しいな。

How was your school trip?

— It was a lot of fun.

遠足はどうだった？

— とても楽しかったよ。

a lot of funは「とても楽しい」という意味です。

funny [ファニィ]

形 おもしろい、おかしい

Gian made a funny face.

ジャイアンがおもしろい顔をしたよ。

future [フューチャァ]

名 将来、未来

What do you want to be in the future?

— I want to be an astronaut.

将来は何になりたいの？

— 宇宙飛行士になりたいんだ。

[ヂー]

game [ゲイム] 英検

名 ゲーム、試合(しあい)

I watched a baseball **game** at the stadium.

野球(やきゅう)の試合(しあい)を球場(きゅうじょう)で見(み)たよ。

garbage [ガービッヂ]

名 生(なま)ゴミ

Do you have a **garbage** bag?

生(なま)ゴミ用(よう)の袋(ふくろ)はありますか？

garden [ガードゥン] 英検

名 庭(にわ)、菜園(さいえん)

Please water the flowers in the **garden**.

庭(にわ)の花(はな)に水(みず)をやってください。

gas [ギャス]

名 ガス、気体(きたい)

Please turn off the **gas**.

ガスを消(け)してください。

gave [ゲイヴ]

動 give [ギヴ] の過去形。あたえた、あげた

gentle [ヂェントゥル]

形 やさしい

Doraemon is **gentle** to everyone.
ドラえもんはみんなにやさしいよ。

get [ゲット] 英検 過去形 got [ガット] ing形 getting [ゲッティング]

❶ 動 ～を得る、手に入れる、取ってくる ❷ 動 着く

❶ I **got** a passport to go abroad.
海外に行くためにパスポートを取りました。

❷ We'll **get** to Narita Airport before noon.
成田空港には、お昼前に着きます。

ghost [ゴウスト]

名 ゆうれい、おばけ

Have you ever seen a **ghost**? — Never!
おばけを見たことある？— まさか！

girl [ガール] 英検

名 女の子、少女

Who is that **girl**? Is she your friend?
— Yes. That's Shizuka.
あの女の子はだれ？　あなたのお友だち？
— そう、しずかちゃんだよ。

give [ギヴ] 英検 過去形 gave[ゲイヴ] ing形 giving[ギヴィング]

動 (人に～を) あたえる、あげる

Doraemon **gives** a birthday present to Nobita every year.
ドラえもんは毎年のび太に誕生日プレゼントをあげるよ。

My friend **gave** me this card.
お友だちがこのカードをくれたよ。

glove [グラヴ] 英検

名 手袋、(野球の) グローブ

These **gloves** are warm.
この手袋はあったかいよ。

go [ゴゥ] 英検

三単現 goes[ゴゥズ]　過去形 went[ウェント]
ing形 going[ゴゥイング]

動 行く

We are **going** to Canada.
わたしたち、カナダに行くのよ。

Nobita **goes** to the supermarket every day.
のび太は毎日スーパーに行くよ。

We **went** to the pool last Sunday.
わたしたちは日曜日にプールに行きました。

good [グッド] 英検

形 よい、上手な、おいしい

Mary is a very **good** golfer.
メアリーはとてもゴルフが上手ね（＝メアリーはとてもよいゴルファーです）。

Very **good**!
よくできました！

goodbye [グッドゥバィ] 英検

間 さようなら

Goodbye, Nobita. See you tomorrow.
— **Goodbye**, Shizuka. See you.
のび太さん、さようなら、また明日ね。
—しずかちゃん、さようなら、またね。

bye [バィ] と短くすることもよくあります。

got [ガット]

動 get [ゲット] の過去形。～を得た

graduation [グラヂュエイション]

名 卒業

Mary made a speech in the **graduation** ceremony.
メアリーは卒業式でスピーチをしたよ。

gram [グラム] 英検

名 グラム（重さの単位）

This grapefruit weighs 474 **grams**.
このグレープフルーツは474グラムだ。

grandfather [グランドゥファーザァ] 英検

名 おじいさん、祖父

My **grandfather** swims every day.
ぼくのおじいさん、毎日泳いでいるんだよ。

会話ではgrandpaともいいます。

grandma [グランドゥマー] 英検

名 おばあちゃん

My **grandma** is gentle.
ぼくのおばあちゃんはやさしい。

A B C D E F G H I J K L M N O P Q R S T U V W X Y Z

grandmother [グランドゥマザァ] 英検

名 おばあさん、祖母(そぼ)

My grandmother is 65 years old.

わたしのおばあさんは65才(さい)なの。

会話(かいわ)ではgrandma(グランマー)ともいいます。

grandpa [グランドゥパー] 英検

名 おじいちゃん

My grandpa likes shogi.

ぼくのおじいちゃんは将棋(しょうぎ)が好(す)きだよ。

grandparent [グランドゥペァラント] 英検

名 おばあさん、おじいさん

My grandparents live in Paris.

ぼくのおじいさんとおばあさんは

パリに住(す)んでいるよ。

grass [グラス]

名 草(くさ)

Sheep eat grass.

羊(ひつじ)は草(くさ)を食(た)べるんだよ。

great [グレイト] 英検

形 すぐれた、すばらしい

That's **great**!

すばらしい！

ground [グラウンド] 英検

名 地面、グラウンド、運動場

Doraemon put the seeds in the **ground**.

ドラえもんは、種を地面に植えたよ。

We had P.E. class on the sports **grounds**.

運動場で体育の授業をしたよ。

grow [グロゥ] 過去形 grew[グルー] ing形 growing[グロゥイング]

動 育つ、成長する、育てる

This flower is **growing** fast.

この花は早く育ちます。

これ、知ってる？… 3

入学式　Entrance Ceremony

始業式　Opening Ceremony

日本の入学式(entrance ceremony)は春に行われるのが一般的ですが、アメリカやヨーロッパの入学シーズンは9月です。日本では、新学期にはまず始業式(opening ceremony)が行われ、翌日から授業が始まることが多いですが、欧米の学校では、たとえ新学期でも特別なことはなくふだん通りに朝から授業が始まります。日本とはずいぶん違いますね。

had [ハド]

動 have [ハヴ] の過去形。

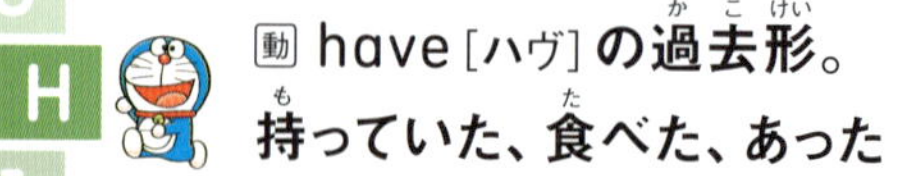

持っていた、食べた、あった

happy [ハピィ] 英検

形 幸せな、うれしい、楽しい

You look **happy**. What happened?
楽しそうだね。何かあったの？

hard [ハード]

① 副 一生けん命に、熱心に　② 形 かたい

① My brother studies English very **hard**.
お兄ちゃんは英語を一生けん命勉強しているよ。

has [ハズ] 英検

動 have [ハヴ] の三人称単数現在形。持つ、食べる、ある

have [ハヴ] 英検

三単現 has[ハズ]　過去形 had[ハド]
ing形 having[ハヴィング]

動 ～を持っている、～を食べる、～がある

Look! I **have** a yo-yo.
ほら、ぼく、ヨーヨー持ってるよ。

I **had** a baseball game yesterday.
昨日野球の試合があったんだ。

We're **having** lunch.
昼ご飯を食べているよ。

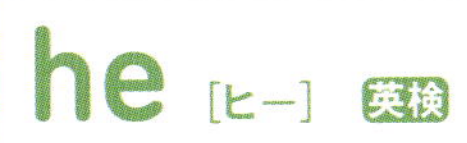

he [ヒー] 英検

代 かれは、かれが

Where is your little brother now? — **He** is at home.
君の弟は今どこにいるの？— かれはうちにいるよ。

headache [ヘデイク]

名 頭痛

I have a bad **headache**.
ひどい頭痛がするんだ。

healthy [ヘルスィ]

形 健康的な、健康によい

The school lunch is **healthy**.
学校給食は健康的だよ。

hear [ヒァ] 英検 過去形 heard[ハード] ing形 hearing[ヒァリング]

動 聞く、聞こえる

I **hear** a strange sound.
何か変な音が聞こえるよ。

heavy [ヘヴィ]

形 重い

My bag is very **heavy**.
ぼくのかばんはとても重いんです。

hello [ヘロウ] 英検

間 (呼びかけで)やあ、こんにちは、(電話で)もしもし

Hello, Mary. — **Hello**, Ken.
やあ、メアリー。— こんにちは、ケン。

Hello, this is Nobita speaking.
もしもし、のび太です。

help [ヘルプ] 英検 過去形 helped[ヘルプト] ing形 helping[ヘルピング]

❶ 名 助け　❷ 動 手伝う、助ける

❷ Please **help** me with my homework.
宿題を手伝ってください。

Help!
助けて!

her [ハー] 英検

代 かの女の、かの女に、かの女を

This is Mary. **Her** mom is a cook.

こちらはメアリー。メアリーのお母さんはコックさんなんだよ。

here [ヒァ] 英検

副 ここに、ここへ、ここで

Come **here** for a minute.

ちょっとここに来て。

hero [ヒーロゥ]

名 英雄、ヒーロー
（女性はheroine［ヘロウイン］）

I want to be a **hero**.

ヒーローになりたいな。

hers [ハーズ] 英検

代 かの女のもの

These are my books. **Hers** are on the shelf.

これらはぼくの本です。かの女のは、たなにあります。

hi [ハィ] 英検

間 やあ、こんにちは

Hi, Doraemon. — **Hi**, Suneo.

やあドラえもん。— やあスネ夫。

high [ハィ] 英検

❶ 形 高い　❷ 副 高く

❶ Mt. Fuji is very **high**.
富士山はとても高いね。

hike [ハイク] 英検　過去形 hiked[ハイクト]　ing形 hiking[ハイキング]

動 ハイキングをする

We go **hiking** in summer.
夏にハイキングに行くよ。

him [ヒム] 英検

代 かれに、かれを

Look at the man with a hat. Do you know **him**?
あそこの帽子の男の人、見て。かれを知ってる？

hint [ヒント]

名 ヒント

Give me a **hint**.
ヒントをちょうだい。

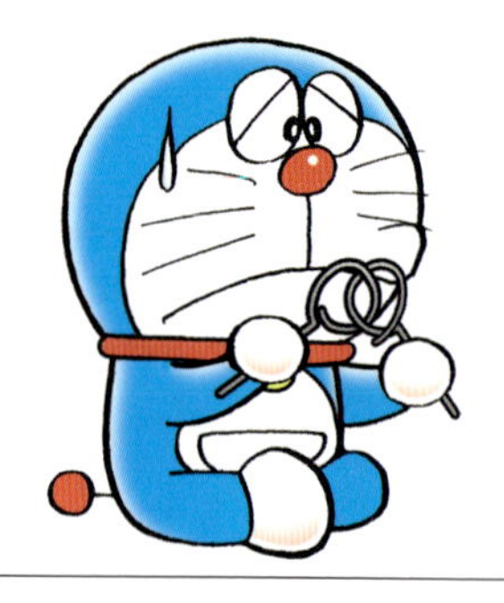

his [ヒズ] 英検

代 かれの、かれのもの

I went to Ken's house yesterday.
His mom was very nice.
昨日ケンの家に行ったよ。
かれのママ、とてもやさしかったよ。

A B C D E F G H I J K L M N O P Q R S T U V W X Y Z

history [ヒスタリィ] 英検

名 歴史

Japan has a long history.
日本には長い歴史があるよ。

hit [ヒット] 過去形 hit[ヒット] ing形 hitting[ヒッティング]

動 打つ、当たる

A ball hit the glass window.
ガラス窓にボールが当たったんだ。

hold [ホウルド] 過去形 held[ヘルド] ing形 holding[ホウルディング]

動 持つ、にぎる

Hold my hand, please.
ぼくの手をにぎってください。

holiday [ハラデイ]

名 休日、祭日

May 5 is a national **holiday** in Japan.
日本では5月5日は国民の祝日です。

home [ホウム] 英検

❶ 名 家、家庭　❷ 副 家に

❶ My uncle has a **home** in Tokyo.
ぼくのおじさんは東京に家を持っています。

❷ What time are you coming **home**?
何時にうちに帰ってくるの？

homeroom [ホウムルーム] 英検

名 ホームルーム

My **homeroom** teacher is strict.
担任の先生はきびしいよ。

homework [ホウムワーク] 英検

名 宿題

I don't want to do my **homework** now.
今は宿題をやりたくない。

hop [ハップ] 過去形 hopped[ハップト] ing形 hopping[ハッピング]

動 ぴょんととぶ、はねる

The rabbits are **hopping** around the garden.

庭でうさぎがはねているよ。

hop, step and jumpは「三段とび」、
hip-hopは音楽の「ヒップホップ」のことです。

hope [ホウプ] 過去形 hoped[ホウプト] ing形 hoping[ホウピング]

動 望む、～だといいと思う

I **hope** everything goes well.

すべてがうまくいくといいね。

hot [ハット] 英検

形 暑い、熱い、からい

This soup is too **hot**. I can't eat it.

このスープは熱すぎる。飲めないよ。

英語では、スプーンでスープを飲むときはdrinkではなくeatやhaveを使います。

hour [アウァ] 英検

名 時間、時刻

I study for an **hour** every day.

ぼくは毎日1時間勉強します。

house [ハウス] 英検

名 家、家屋

My friend lives in a very big **house**.
ぼくの友だちはとても大きな家に住んでいます。

how [ハウ] 英検

副 どうやって、どんなふうで、どれくらい

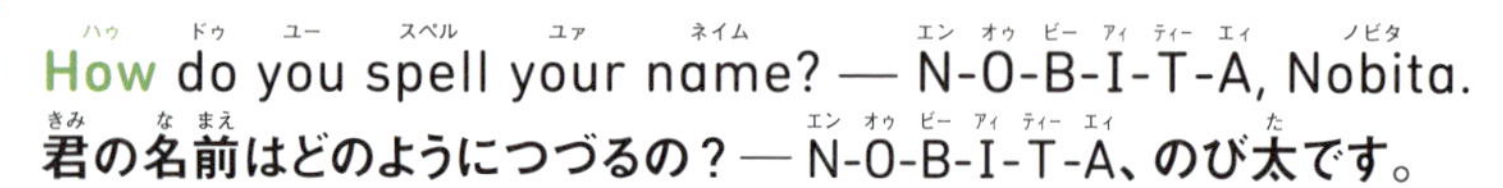

How do you spell your name? — N-O-B-I-T-A, Nobita.
君の名前はどのようにつづるの？— N-O-B-I-T-A、のび太です。

huge [ヒューヂ]

形 巨大な

There is a **huge** monster in this book.
この本には大きなモンスターが出ているね。

hungry [ハングリィ] 英検

形 空腹な、おなかがすいている

I am **hungry**.
I want to eat some dorayaki.
おなかがすいたなあ。どらやき、食べたい。

hurry [ハーリィ]

三単現 hurries[ハーリィズ] 過去形 hurried[ハーリィド]
ing形 hurrying[ハーリィイング]

動 急ぐ

Hurry up, or you'll be late for class.
急がないと、授業におくれちゃうよ。

I [アィ] 英検

代 **わたしは、わたしが、ぼくは、ぼくが**

I know Dorami. She is my friend.

わたし、ドラミちゃんを知っているよ。友だちなの。

ice [アイス] 英検

名 **氷**

The shaved **ice** is very cold.

かき氷はとても冷たいね。

idea [アイディーア] 英検

名 **考え、思いつき**

I have a good **idea**.

いい考えがあるよ。

important [インポータント]

形 **重要な、大切な**

Friends are **important**.

友だちは大切だね。

in ［イン］ 英検

前 （場所）～の中に、～に、（時間・季節）～に

What's **in** your pocket? — Some candy.
ポケットの中に何が入っているの？— キャンディーだよ。

We go skiing **in** winter.
わたしたちは冬にスキーに行きます。

interesting ［インタラスティング］

形 おもしろい、興味深い

I saw a movie yesterday. It was **interesting**.
昨日、映画を見たよ。おもしろかったな。

international ［インタァナショヌル］

形 国際的な

Doctors are at the **international** meeting.
医師たちは国際会議に出ているよ。

Internet ［インタァネット］ 英検

名 （the ～で）インターネット

Use the **Internet** to get the information.
インターネットを使って、情報を得よう。

into [イントゥ] 英検

前 ～の中へ

Doraemon ran **into** his house.
ドラえもんが家の中へ走っていったよ。

is [イズ] 英検 過去形 was[ワズ] ing形 being[ビーイング]

動 ～です、～にいる

Dorami **is** in her room.
ドラミちゃんは部屋にいるよ。

Nobita **was** sick yesterday.
のび太は昨日病気だったの。

否定の not が続くときは isn't となります。

it [イット] 英検

代 それは、それを

I have a cap. **It** is green.
ぼうしを持っています。それは緑色です。

its [イッツ] 英検

代 その、それの

I have a comic book. **Its** title is "Doraemon."
ぼくは、まんが本を持っています。
そのタイトルは『ドラえもん』です。

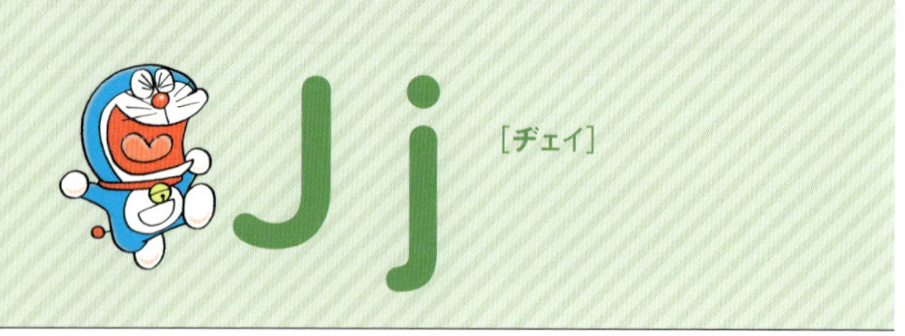

［ヂェイ］

A B C D E F G H I J K L M N O P Q R S T U V W X Y Z

Japan ［ヂャパン］ 英検

名 日本

I'm from **Japan**. I'm Japanese.
日本から来ました。わたしは日本人です。

Japanese ［ヂャパニーズ］ 英検

❶ 名 日本語、日本人　❷ 形 日本の

❶ Your **Japanese** is very good.
日本語、上手ですね。

❷ Would you like to try some **Japanese** tea?
日本茶を飲んでみませんか？

job ［ヂャブ］ 英検

名 仕事、役目

It's my **job** to take the dog for a walk.
犬を散歩に連れて行くのがわたしの役目です。

Good **job**!
上手にできたね！

jog [チャグ] 英検 過去形 jogged[チャグド] ing形 jogging[チャギング]

動 ゆっくり走る、ジョギングする

I like to **jog** on sunny days.
晴れた日にジョギングをするのが好きなんだ。

join [チョイン] 英検

過去形 joined[チョインド]
ing形 joining[チョイニング]

動 参加する、加わる

I want to **join** the tennis club.
テニスクラブに入りたいな。

jump [チャンプ] 英検

過去形 jumped[チャンプト]
ing形 jumping[チャンピング]

動 とぶ、はねる、とんでいる

Suneo **jumped** off the chair.
スネ夫はいすからとびおりました。

Children are **jumping** on the bed.
子どもたちがベッドの上でとびはねている。

jump rope [チャンプ ロウプ] 英検

❶ 名 なわとび　❷ 動 なわとびをする

❶ My **jump rope** is too long.
わたしのなわとびは長すぎる。

❷ I can **jump rope** for a long time.
わたしはなわとび、たくさんとべるよ。

jungle [ヂャングル]

名 ジャングル

Many animals live in the **jungle**.
ジャングルには動物がたくさん住んでいるよ。

junior high school [ヂューニァ ハィ スクール]

名 中学校

I can't wait to be a **junior high school** student.
中学生になるのが待ちきれないな。

just [ヂャスト] 英検

副 ちょうど、たった今

I **just** said goodbye to Nobita.
ちょうどのび太にさようならを言ったところだよ。

Just a minute.
ちょっと待って。

これ、知ってる?… 4 

ランドセル School Backpack

日本のランドセルは、海外ではめずらしいもののようです。大きくてたくさん物が入り便利だということで、ときどき大人の観光客が自分用に買ったランドセルをせおっているのを見かけます。日本では小学生しか使わないことを教えてあげたくなりますね。

keep [キープ] 過去形 kept[ケプト] ing形 keeping[キーピング]

動 ～を取っておく、し続ける

Keep the cake in the refrigerator for Dorami.
そのケーキはドラミちゃんのために冷蔵庫に取っておいて。

key [キー]

名 かぎ

I have a key in my pocket.
かぎはポケットの中にあるよ。

kick [キック] 過去形 kicked[キックト] ing形 kicking[キッキング]

動 ける

Gian kicked the soccer ball.
ジャイアンがサッカーボールをけったんだよ。

kilogram [キラグラム] 英検

名 キログラム

My brother is 25 **kilograms**.
ぼくの弟は25キロだよ。

kilometer [キラメタァ] 英検

名 キロメートル

I run 1 **kilometer** every morning.
わたしは毎朝1キロ走ります。

kind [カインド] 英検

❶ 形 親切な、やさしい ❷ 名 種類

❶ Be **kind** to the small children.
小さな子どもたちにはやさしくね。

❷ What **kind** of pizza do you like?
— The one with cheese and tomatoes on top.
どんなピザが好き？
— チーズとトマトがのっているのだよ。

king [キング]

名 王、王様

He is the **king** of soccer.
かれはサッカーの王様だ。

kitchen [キッチン] 英検

名 台所

Dad is in the **kitchen**.

パパは台所にいるよ。

kite [カイト]

名 たこ

It is too windy to fly a **kite**.

たこあげをするには風が強すぎるよ。

know [ノウ] 英検 過去形 knew [ニュー] ing形 knowing [ノウイング]

動 知っている、わかる

I **know** the answer.

答えを知っているよ。

I don't **know**.

わかりません。

これ、知ってる？… 5

イースター(復活祭) Easter

毎年、3月または4月にある、キリストの復活を祝うキリスト教の祝日です。子どもたちは卵の中身をぬいて色をつけた「イースター・エッグ(Easter egg)」を飾ったり、庭にかくされたイースター・エッグを探すゲーム「エッグ・ハント(Egg Hunt)」を楽しんだりします。また、イースター・エッグを運んでくるといわれるうさぎの「イースター・バニー(Easter Bunny)」も、イースターのシンボルです。

lady [レイディ] 英検 複数形 ladies[レイディズ]

名 女の人

Our teacher is a very nice **lady**.
わたしたちの先生は、
とてもすてきな女の人よ。

lake [レイク] 英検

名 湖

Lake Biwa is very large.
琵琶湖はすごく大きいよ。

language [ラングウィッヂ]

名 言葉、言語

What **languages** do you speak in Canada?
— English and French.
カナダでは何語を話すの？— 英語とフランス語よ。

large [ラーヂ] 英検

形 大きい

What a **large** city!
なんて大きな街なんでしょう！

last [ラスト] 英検

❶ 形 この前の、最後の　❷ 副 この前、最後に

❶ I went to the beach with my dad **last** week.
先週、お父さんと浜辺に行ったよ。

late [レイト] 英検

❶ 形 おくれた、おそい　❷ 副 おそく

❶ Sorry I'm **late**. I overslept.
おくれてごめんなさい。ねぼうしました。

later [レイタァ] 英検

副 後で

See you **later**.
また後で。

Clean your room, Nobita.
— I'll do it **later**.
部屋をそうじしなさい、のび太。
— 後でするよ。

laugh [ラフ]

過去形 laughed [ラフト]　ing形 laughing [ラフィング]

動 (声を出して) 笑う

The comic book was very funny.
We **laughed** a lot.
そのまんがすごくおもしろかったんだ。
たくさん笑ったよ。

Stop **laughing**!
笑うのはやめて！

leaf [リーフ]

複数形 leaves [リーヴズ]

名 葉、葉っぱ

The giraffes are eating **leaves**.
きりんが葉っぱを食べているよ。

Look at the colorful **leaves**.
— Wow! How beautiful!
色とりどりの葉っぱを見て。— わあ、きれい！

learn [ラーン] 英検

過去形 learned [ラーンド]
ing形 learning [ラーニング]

動 学ぶ、習う

I started to **learn** English.
英語を習い始めました。

leave [リーヴ]

過去形 left [レフト]　ing形 leaving [リーヴィング]

動 去る、出発する

Let's **leave** here at four o'clock.
4時にここを出発しよう。

left [レフト]

❶ 名 左　❷ 形 左の　❸ 副 左へ

❶ Our classroom is on your **left**.
わたしたちの教室は左側にあります。

❸ Turn **left** at the next corner.
次の角を左に曲がって。

lesson [レッスン] 英検

名 授業、レッスン、課

I take piano **lessons** on Friday.
わたしは金曜日にピアノのレッスンを受けています。

let's [レッツ] 英検

～しましょう

What are we going to do tomorrow?
— **Let's** go to the beach!
明日、何しようか？— 海に行こうよ！

letter [レタァ] 英検

名 手紙、文字

I got a **letter** from my grandma.
おばあちゃんから手紙をもらったよ。

library [ライブレリィ] 英検 複数形 libraries[ライブレリィズ]

名 図書館、図書室

I borrowed this book from the **library**.
この本、図書館から借りたのよ。

life [ライフ] 英検 複数形 lives[ライヴズ]

名 生活、一生、生命

He loved to play the piano all his **life**.
かれは一生涯ピアノをひくのが好きだった。

light [ライト] 英検

❶ 名 光、明かり　❷ 形 軽い

❶ Turn on the **light**.
明かりをつけて。

❷ This box is very **light**.
この箱はとても軽いよ。

like [ライク] 英検 過去形 liked[ライクト] ing形 liking[ライキング]

動 ～が好きだ

I **like** to sing songs.
歌を歌うのが好きだ。

list [リスト]

名 リスト

I can't find my name on the **list**.
リストにぼくの名前がないなあ。

listen [リスン] 英検

過去形 listened [リスンド]
ing形 listening [リスニング]

動 聞く

Listen to me.
わたしの言うことを聞いて。

little [リトゥル] 英検

形 小さい

Please open this **little** box.
この小さい箱を開けてください。

live [リヴ] 英検

過去形 lived [リヴド]
ing形 living [リヴィング]

動 住む、生きる

Where do you **live**? — I **live** in Paris.
どこに住んでいるの？— パリに住んでいるよ。

living room [リヴィング ルーム] 英検

リビング、居間

Can I paint a picture in the **living room**? — Sure.
リビングで絵をかいていい？— いいよ。

locker [ラッカァ] 英検

名 **ロッカー**

Each student has a **locker** at my school.
わたしの学校では生徒ひとりひとりにロッカーがあります。

log [ローグ]

名 **丸太**

Doraemon can't carry heavy **logs**.
ドラえもんは大きな丸太は運べないよ。

long [ローング] 英検

❶ 形 **長い** ❷ 副 **長く**

❶ Mary has **long** hair.
メアリーは長い髪をしている。

❷ How **long** did you wait? — Not so **long**.
どのくらい待った？— そんなに長くないよ。

look [ルック] 英検 過去形 looked[ルックト] ing形 looking[ルッキング]

動 **見る**

Look at the blackboard.
黒板を見て。

➡ look at ~は「～を見る」という意味です。

lose [ルーズ] 過去形 lost[ロースト] ing形 losing[ルーズィング]

動 なくす、失う

Oh, no! I **lost** my purse.
大変だ！　おさいふ、なくしちゃった。

lost [ロースト]

形 道に迷った、失われた

I am **lost**.
How can I get to the bus station?
道に迷いました。
バスターミナルにはどうやって行きますか？

lot [ラット] 英検

名 (a lot of ～で) たくさんの～

I caught a **lot** of fish in the river.
川でたくさん魚をとった。

loud [ラウド]

形 (音・声が) 大きい

Mr. Green speaks in a **loud** voice.
グリーン先生は大きな声で話す。

love [ラヴ] 英検 過去形 loved[ラヴド] ing形 loving[ラヴィング]

動 ～を愛する、～が大好きだ

I **love** cooking.
お料理大好き。

low [ロゥ] 英検

形 低い、(値段が) 安い

This desk is too **low** for me.
この机、ぼくには低すぎるなあ。

lucky [ラッキィ]

形 運のよい

I found a four-leaf clover!
— You're **lucky**!
よつばのクローバーを見つけたの！
— 運がいいね！

lunch [ランチ] 英検

名 昼食、昼ごはん

Where do you have **lunch**? — In the park.
どこで昼食を食べる？ — 公園で。

lunch box [ランチ バックス] 英検

名 お弁当箱

My teacher's **lunch box** is very big.
わたしの先生のお弁当箱、すごく大きいのよ。

lunch time [ランチ タイム] 英検

名 昼ごはんの時間

Go to the lunch room at **lunch time**.
昼ごはんの時間にランチルームに行って。

Mm [エム]

made [メイド]

動 make [メイク] の過去形。作った

magazine [マガズィーン] 英検

名 雑誌

I like to read **magazines**.
雑誌を読むのが好きなんだ。

main dish [メイン ディッシュ]

名 メインディッシュ、主菜

What would you like for a **main dish**?
— A hamburger steak, please.
メインディッシュは何になさいますか？
— ハンバーグでお願いします。

major league [メイヂャァ リーグ]

名 メジャーリーグ

I want to be a **major league** baseball player.
メジャーリーグの選手になりたいな。

make [メイク] 英検

過去形 made[メイド]
ing形 making[メイキング]

動 ～を作る

My mom makes sandwiches for lunch.
お母さんは昼ごはんにサンドイッチを作ってくれます。

Shizuka made a lot of friends at the camp.
しずかちゃんはキャンプでいっぱい友だちができたよ。

I'm making a house with blocks.
ブロックで家を作っているんだ。

man [マン]  

複数形 men[メン]

名 男の人、人

Who is that man?
— He is Mr. Kaminari.
あの男の人はだれ？
— 神成さんだよ。

many [メニィ] 英検

形 たくさんの

Doraemon eats many snacks.
ドラえもんはたくさんおかしを食べるね。

map [マップ]

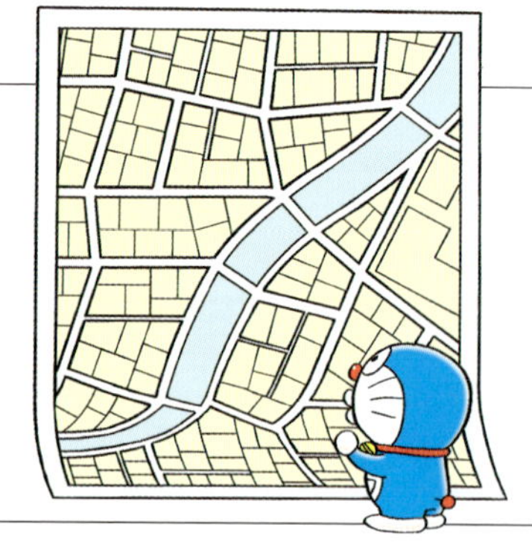

名 地図

The map is on the wall.
地図がかべにかかっています。

match [マッチ]

名 試合（しあい）

イズ　ユァ　テニス　マッチ　ズィス　フライデイ　シズカ
Is your tennis **match** this Friday, Shizuka?

しずかちゃん、テニスの試合（しあい）は金曜日（きんようび）ですか。

matter [マタァ]

名 困（こま）ったこと、もの、ことがら

(ホ)ワッツ　ザ　マタァ　アィ　ハヴ　ア　コウルド
What's the **matter**? — I have a cold.

どうしたの？— かぜひいちゃったんだ。

may [メィ] 過去形 might[マイト]

助 〜してもよい

メィ　アィ　ゴウ　トゥ　ザ　レストゥルーム　アフ　コース
May I go to the restroom? — Of course.

トイレに行（い）ってもいいですか？— もちろん。

maybe [メイビィ] 英検

副 たぶん

ウィル　イット　ビィ　レイニィ　トゥマーロウ　メイビィ
Will it be rainy tomorrow? — **Maybe**.

明日（あした）は雨（あめ）かな？— たぶんそうだね。

me [ミー] 英検

代 わたしに、わたしを、ぼくに、ぼくを

ケン　イズ　カインド　トゥ　ミー
Ken is kind to **me**.

ケンはぼくにやさしいよ。

meal [ミール]

名 食事

I enjoy school **meals**.
給食をおいしく食べています。

mean [ミーン]

過去形 meant[メント] ing形 meaning[ミーニング]

動 意味する

What does "genki" **mean**? — It **means** "fine" in English.
「ゲンキ」って、どういう意味？— 英語で「fine」という意味です。

meet [ミート]

英検 過去形 met[メット] ing形 meeting[ミーティング]

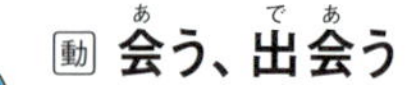

動 会う、出会う

We usually **meet** on Saturdays.
わたしたちはいつも土曜に会います。

member [メンバァ]

名 一員、会員、メンバー

I'm a **member** of the tennis club.
わたしはテニス部の一員です。

memory [メマリィ]

複数形 memories[メマリィズ]

名 思い出、きおく

My best **memory** is our school trip to Kyoto.
京都の修学旅行がいちばんの思い出です。

menu [メニュー]

名 メニュー

Can I have a **menu**, please? — Sure. Here you are.

メニューをくださいますか？— はい、どうぞ。

message [メスィッヂ]

名 伝言、メッセージ

Can I leave a **message**? — Sure.

伝言をお願いできますか？— どうぞ。

meter [ミータァ] 英検

名 メートル

I can swim 50 **meters**.

わたしは50メートル泳げます。

mine [マイン] 英検

代 わたしのもの、ぼくのもの

Whose bag is this? — It's **mine**.

これ、だれのかばん？— わたしのよ。

minute [ミニット] 英検

名 (時間の) 分、ちょっとの間

Let's go this way.
— Just a **minute**.

こっちに行きましょう。
— ちょっと待って。

mom [マム] 英検

名 ママ、お母さん

Mom, what time are you coming back?
— At six o'clock, Nobita.

ママ、何時に帰るの？
— 6時よ、のび太。

mother（153ページ）も見ましょう。

小さい子どもはmommyともいいます。ともに、話し言葉で使います。

money [マニィ] 英検

名 お金

How much money do you need? — 500 yen.

どのくらいのお金がいるの？— 500円。

month [マンス] 英検

名 （1年12か月の）月

We have a school concert this month.

今月は学校の演奏会があるんだ。

moon [ムーン]

名 （天体の）月

The full moon looks beautiful.

満月がきれいに見えるよ。

more [モァ] 英検

① 形 もっと多くの ② 副 もっと、いっそう

① I want **more** sugar in my tea.
紅茶にもっとお砂糖を入れたいな。

morning [モーニング] 英検

名 朝、午前

We got on a boat in the **morning**.
ぼくたちは朝、ボートに乗りました。

mother [マザァ] 

名 母

My **mother** is a designer.
母はデザイナーです。

mountain [マウンテン] 英検

名 山

We climbed the **mountain**.
ぼくたちは山に登りました。

move [ムーヴ]

過去形 moved [ムーヴド]　ing形 moving [ムーヴィング]

動 動く、動かす、引っこす

I'm taking a photo. Don't **move**!
写真をとるよ。動かないで！

movie [ムーヴィ] 英検

名 映画

He watched the **movie** on Friday night.
かれは金曜日の夜に映画を見ました。

movie theater 映画館

Mr. [ミスタァ] 英検

名 (男の人の名字につけて) ～さん

Mr. Williams is from England.
ウィリアムズさんはイングランド出身だ。

Mrs. [ミスィズ] 英検

名 (結婚している女性の名字につけて) ～さん

Mrs. Jones is very nice.
ジョーンズさんはとても親切です。

結婚していない女の人にはMissをつけることもあります。

Ms. [ミズ] 英検

名 (女の人の名字につけて) ～さん

Ms. Tanaka is very active.
田中さんはとても活動的だ。

much [マッチ] 英検

❶ 副 非常に、とても ❷ 形 多くの、たくさんの

❶ Thank you very **much**, Nobita.
— You're welcome.
どうもありがとう、のび太
— どういたしまして。

❷ How **much** money do you have?
— Not **much**.
お金、いくら持ってる？
— あんまりないよ。(＝たくさんではない)

music [ミューズィック] 英検

名 音楽

I often listen to **music** in my room.
わたしは自分の部屋でよく音楽を聞きます。

must [マスト]

助 ～しなければならない

I **must** finish my homework by tomorrow.
明日までに宿題を終わらせなければならないんだ。

my ［マイ］ 英検

㊹ **わたしの、ぼくの**

This is **my** mother.
こちらはぼくのお母さんです。

これ、知ってる？… 6 

自己紹介してみよう

日本で外国の人に会う機会が増えてきました。はじめて会った人に、笑顔で自分を紹介してみましょう。まずは名前を伝えることが必要ですが、出身地などを話題にするとさらに話がはずみますね。

- **Hello, my name is Nobita Nobi.**
  こんにちは。ぼくの名前は、野比のび太です
  または **I'm Nobita.** **のび太です**でもOKです。
- **I'm from Japan.** **日本出身です**
- **I'm 10 years old.** **10才です**
- **I'm in the fifth grade.** **5年生です**

name [ネイム] 英検

名 名前

What's your name? — My name is Doraemon.
君の名前は？— ぼく、ドラえもん。

nature [ネイチャァ]

名 自然

My father likes to walk among nature.
ぼくのお父さんは自然の中を歩くのが好きです。

near [ニァ] 英検

前 ～の近くに

Ken lives near our school.
ケンは、わたしたちの学校の近くに住んでいます。

need [ニード] 英検

過去形 needed[ニーディッド]
ing形 needing[ニーディング]

動 必要とする

I need your help.
君の助けが必要なんだ（＝手伝ってほしい）。

nest [ネスト]

名 (鳥などの) 巣

Can you see the **nest** in the tree? — Oh, yes.

木にある鳥の巣、見える？— あ、見えるよ。

net [ネット]

名 あみ、ネット

I want a butterfly **net**.

虫をつかまえるあみが欲しいな。

never [ネヴァ]

副 決して〜ない、1回も〜ない

I **never** go to bed at eight.

8時に寝ることは決してないよ。

new [ニュー] 英検

形 新しい

I want a **new** notebook.

新しいノートが欲しいな。

news [ニューズ] 英検

名 ニュース、知らせ

I watched the **news** on TV.

テレビでニュースを見たよ。

newspaper ［ニューズペイパァ］ 英検

名 新聞

My grandmother reads the **newspaper** every morning.

わたしのおばあちゃんは毎朝新聞を読むのよ。

next ［ネクスト］ 英検

❶ 形 次の　❷ 副 次に　❸ 副 （toをつけて）～のとなりに

❶ See you **next** week!

また来週ね！

❷ First, wash the apples. **Next**, peel them.

まず、りんごを洗って。次に皮をむいて。

❸ Shizuka sits **next** to me in class.

教室では、しずかちゃんがぼくのとなりに座っているんだ。

nice ［ナイス］ 英検

形 すばらしい、よい、親切な

Have a **nice** trip! — Thank you.

よい旅行を！— ありがとう。

It's **nice**!

いいわね！

night [ナイト] 英検

名 夜

My family always watches TV on Saturday **night**.
土曜の夜はいつも家族でテレビを見るんだ。

no [ノウ] 英検

❶ 副 いいえ　❷ 形 少しも～ない

❶ Are you Korean? — **No**, I'm not. I'm Japanese.
あなたは韓国人ですか？— いいえ、違います。日本人です。

No. [ナンバァ]

名 (数字の前につけて) ～番

No.1
1番

noisy [ノイズィ]

形 さわがしい、うるさい

Many people were talking. It was **noisy**.
たくさんの人が話していたね。うるさかったよ。

noon [ヌーン] 英検

名 正午、真昼

The bell rings at **noon**.
ベルが正午に鳴るよ。

not [ナット] 英検

副 ～でない、～しない

I'm **not** sleepy. I want to watch more TV.
眠くないよ。もっとテレビが見たいの。

nothing [ナッスィング]

代 何も～ない

Nothing is in the bag.
かばんには何も入っていません。

now [ナウ] 英検

副 今

Nobita is sleeping **now**.
のび太は今寝ています。

number [ナンバァ] 英検

名 数、番号

Think of a **number** from one to ten.
1から10までで数字を1つ思いうかべて。

My phone **number** is 1234 - 5678 .
わたしの電話番号は1234-5678です。

これ、知ってる?… 7

世界の食べ物 International Foods

日本に「和食」があるように、世界の国々にはそれぞれの国に伝わる料理があります。日本とはちがう食材やスパイスを使う料理や、ユニークな作り方をする料理もあり楽しめます。世界の主な料理を見てみましょう。

世界の料理

curry&naan カレーとナン(インド)	kebab ケバブ(トルコ)
escargot エスカルゴ(フランス)	pirozhki ピロシキ(ロシア)
fish&chips フィッシュアンドチップス(イギリス)	taco タコス(メキシコ)
paella パエリア(スペイン)	kimchi キムチ(韓国)
pizza ピザ(イタリア)	tom yam kung トムヤムクン(タイ)
couscous クスクス(北アフリカ)	churrasco シュラスコ(ブラジル)

curry & naan

escargot

fish & chips

paella

pizza

o'clock [アクラック] 英検

副 〜時

What time is it now? — It's ten **o'clock** at night.

今何時？— 夜の10時だよ。

of [アヴ] 英検

前 〜の、〜の中で

Here is a picture **of** my cousin, Mika.

いとこのミカちゃんの写真だよ。

Let's make groups **of** six people each.

6人のグループを作りましょう。

off [オーフ] 英検

副 （機能が）止まって、（スイッチが）切れて、はなれて

Turn **off** the TV.

テレビを消して。

Take your coat **off**.

コートをぬいで。

take off は「ぬぐ」という意味になります。

office [オーフィス] 英検

名 会社、事務所、オフィス

My uncle works in that **office**.
ぼくのおじさん、あの事務所で働いているよ。

often [オーフン] 英検

副 たびたび、しばしば

My mother **often** asks me for help.
ぼくのお母さんはたびたび手伝うように言います。

How **often** do you watch movies?
— Three times a year.
どれくらい映画を見る？— 1年に3回だよ。

➡ how oftenは、「どれくらいの頻度で」という意味です。

oh [オゥ] 英検

間 おお、おや、あら

Oh, no. I forgot my ruler.
ああ、やだ。定規を忘れちゃった。

OK [オゥケィ] 英検

❶ 間 オーケー、いいよ　❷ 形 だいじょうぶ、うまくいっている

❶ Come and help me. — **OK**.
来て手伝って。— いいよ。

❷ Are you **OK**? — Yes, I'm fine.
だいじょうぶ？— うん、平気だよ。

➡ O.K.と書くこともあります。

old [オウルド] 英検

形 年を取った、～才の、古い

How **old** is your big sister? — She's 16 years **old**.
あなたのお姉さんは何才？— 16才です。

Olympics [オリンピックス]

名 (the Olympics, the Olympic Games で) オリンピック

We will have the Tokyo **Olympic** Games in 2020.
2020年に東京オリンピックがあるよ。

on [アン] 英検

前 ～の上に、～に

Where is Doraemon?
— He is **on** the roof.
ドラえもんはどこ？
— 屋根の上だよ。

once [ワンス]

副 1度、1回

I see my grandpa and grandma **once** a year.
おじいちゃんとおばあちゃんに年に1回会います。

only [オウンリィ] 英検

形 ただひとつの、ただひとりの

Shizuka is the **only** girl on our team.
しずかちゃんは、ぼくたちのチームでたったひとりの女の子です。

open [オウプン] 英検

過去形 opened[オウプンド]
ing形 opening[オウプニング]

❶ 動 ～を開ける、開く ❷ 形 開いている

❶ Dad, may I **open** the present? — Sure.
パパ、プレゼント、開けていい？— もちろん。

❷ Come in. The door is **open**.
入っておいで。ドアは開いているから。

or [オァ] 英検

接 または、それとも

Which do you like better, summer **or** winter? — Summer.
夏と冬だったら、どっちが好き？— 夏だわ。

order [オーダァ]

過去形 ordered[オーダァド]
ing形 ordering[オーダリング]

❶ 名 注文、命令 ❷ 動 注文する、命令する

❷ Let's **order** pancakes.
パンケーキをたのもうよ。

other [アザァ]

❶ 形 ほかの、別の ❷ 代 (the other で) もう一方の
❸ 代 (each other で) たがいに

❶ Show me some **other** colors.
ほかの色を見せて。

❷ I have two pencil cases. One is black. The **other** is blue.
筆箱を2つ持っています。1つは黒です。もう1つは青です。

❸ Help each **other**.
おたがいに助け合ってね。

our [アウァ] 英検

代 わたしたちの、ぼくたちの

Our teacher is kind to us.

わたしたちの先生はやさしいよ。

ours [アウァズ] 英検

代 わたしたちのもの、ぼくたちのもの

No, that's not **ours**.

いいえ、それは、ぼくたちのではありません。

out [アウト] 英検

副 外に、外へ

It stopped raining. Let's go **out**!

雨がやんだよ。外へ出かけよう！

over [オウヴァ] 英検

前 ～をこえて、～の上に、向こうに

I jumped **over** the fence, and caught the ball.

へいを飛びこえてボールを取ったんだ。

page [ペイヂ] 英検

名 ページ

Look at **page** 21 .
21ページを見てください。

paint [ペイント] 英検

過去形 painted[ペインティッド]
ing形 painting[ペインティング]

❶ 名 絵の具、ペンキ　❷ 動 (絵の具で) 絵をかく、ペンキをぬる

❷ Doraemon is **painting** a picture.
ドラえもんが絵をかいている。

painting [ペインティング] 英検

名 絵、絵画

We saw many famous **paintings**.
わたしたちは有名な絵画をたくさん見ました。

pal [パル] 英検

名 友だち、仲間

I have a pen **pal** in Singapore.
わたしにはシンガポールにペンパルがいます。

➡ pen palとは手紙をやりとりする友だちのことです。

paper [ペイパァ]

名 紙(かみ)

May I have a sheet of **paper**? — Sure. Here you are.
紙(かみ)を1枚(まい)ください。— はい、どうぞ。

Paralympics [パラリンピックス]

名 (the Paralympicsで) パラリンピック

You can watch the **Paralympics** on TV.
パラリンピックの競技(きょうぎ)はテレビで見(み)ることができるよ。

park [パーク] 英検

名 公園(こうえん)

This **park** has some swings.
この公園(こうえん)にはブランコがあります。

part [パート]

名 部分(ぶぶん)、地域(ちいき)、(本(ほん)などの) パート、部(ぶ)

We will study from **Part** 2 of the textbook today.
今日(きょう)は教科書(きょうかしょ)のパート2から始(はじ)めます。

party [パーティ] 英検

名 パーティー、会(かい)

Suneo will have a birthday **party** at home.
スネ夫(お)は家(いえ)で誕生日会(たんじょうびかい)をするんだよ。

passport [パスポート] 英検

名 パスポート

May I see your **passport**?
— Here you are.
パスポートを見せてください。
— はい、どうぞ。

people [ピープル] 英検

名 人びと

How many **people** are in the gym? — About fifty.
体育館には何人いるの？— 50人くらいです。

person [パースン] 英検

名 人

He is a very nice **person**.
かれはとてもいい人だね。

pet [ペット] 英検

名 ペット

Do you have any **pets**?
— Yes, I do. I have a cat.
ペット、飼っている？
— うん、ねこを飼ってるよ。

phone [フォウン] 英検

名 電話

May I use your **phone**, please? — Sure.
あなたの電話を貸してくれますか？— いいですよ。

telephoneと同じ意味です。

photo [フォウトウ]

名 写真

Let's take a **photo**. — That's a good idea.
写真をとろうよ。— いい考えだね。

piano [ピアノゥ] 英検

名 ピアノ

Can you play the **piano**? — Yes, I can.
ピアノはひける？— はい、ひけます。

pick [ピック] 過去形 picked[ピックト] ing形 picking[ピッキング]

動 (花などを) つむ、選ぶ

Pick up a card. Any card is fine.
カードを1枚選んで。どのカードでもどうぞ。

picnic [ピクニック] 英検

名 ピクニック、ピクニックでの食事

My family will go on a **picnic** next weekend.
来週末、家族でピクニックに行くよ。

picture ［ピクチャア］ 英検

名 絵、写真

Do you like to draw **pictures**? — Yes, I do.
絵をかくのは好き？— 好きだよ。

Can you take a **picture** of us?
— Sure.
わたしたちの写真をとってもらえますか？
— もちろん。

pine ［パイン］

名 松、松の木（＝pine tree）

We have a big **pine** tree in our garden.
うちの庭には大きな松の木があるよ。

place ［プレイス］ 英検

名 場所、ところ

There are many **places** to visit in Japan.
日本には訪ねるところがたくさんある。

plan ［プラン］

名 計画、予定

Do you have any **plans** tomorrow? — No, I'll be free.
明日は何か予定があるの？— いや、ひまだよ。

play [プレィ] 英検

過去形 played[プレィド]
ing形 playing[プレィイング]

❶ 動 遊ぶ　❷ 動 (球技を) する、(楽器を) 演奏する

❶ My brother is **playing** outside now.
弟は今、外で遊んでいるよ。

❷ I **play** soccer on Sundays.
ぼくは日曜日にサッカーをします。

球技をするときは「play＋スポーツ名」、楽器を演奏するときは I play the guitar. のように「play＋the＋楽器名」とします。

player [プレイァ] 英検

名 選手、プレーヤー、演奏者

My mom was a famous table tennis **player**.
わたしのお母さんは有名な卓球選手だったのよ。

please [プリーズ] 英検

副 どうぞ (〜してください)

Please take your seat.
どうぞ席についてください。

P.M., p.m. [ピーエム] 英検

午後

Let's meet at 3:00 **p.m.**
3時に会おうよ。

pocket ［パケット］ 英検

名 ポケット

What do you have in your **pocket**? — Candies.
ポケットに何が入ってるの？ — キャンディーよ。

point ［ポイント］

過去形 pointed［ポインティッド］
ing形 pointing［ポインティング］

動 指さす

He **pointed** at his new bike.
かれは自分の新しい自転車を指さしました。

pond ［パンド］

名 池

I found some big frogs in the **pond**.
池に大きなカエルが何びきかいるのを見つけたよ。

pool ［プール］ 英検

名 （水泳用の）プール

Gian often swims in the swimming **pool**.
ジャイアンはよくプールで泳ぎます。

popular ［パピュラァ］ 英検

形 人気のある

That singer is very **popular** now.
あの歌手は今すごく人気があるんだよ。

postcard ［ポウストカード］ 英検

名 はがき

Let's write a **postcard** to our friends in Egypt.
エジプトのお友だちにはがきを書こう。

poster ［ポウスタァ］ 英検

名 ポスター、広告

That **poster** is colorful.
あのポスターはカラフルだね。

practice ［プラクティス］ 英検

過去形 practiced［プラクティスト］
ing形 practicing［プラクティスィング］

❶ 名 練習　❷ 動 練習する

❷ I **practice** dancing every Sunday.
毎週日曜日にダンスの練習をしています。

present ［プレズント］ 

名 おくり物、プレゼント

This is a **present** for my mom.
これはお母さんへのプレゼントです。

pretty ［プリティ］ 英検

形 かわいい、きれいな

Your dress is **pretty**.
あなたのワンピース、かわいいね。

A B C D E F G H I J K L M N O P Q R S T U V W X Y Z

problem [プラブラム]

名 問題、困ったこと

Can I go with you? — Of course. No **problem**.
いっしょに行ってもいい？— もちろん、問題ないよ。

program [プロウグラム]

名 番組、プログラム

My mom likes to watch news **programs**.
わたしのお母さんはニュース番組を見るのが好きよ。

pull [プル] 過去形 pulled[プルド] ing形 pulling[プリング]

動 引く、引っ張る

We **pulled** the rope very hard in the tug-of-war.
わたしたちは、つな引きで一生けん命、つなを引っ張りました。

push [プッシュ] 三単現 pushes[プッシィズ] 過去形 pushed[プッシュト] ing形 pushing[プッシング]

動 おす

Please **push** this table into the corner.
このテーブル、すみのほうへおしてください。

put [プット] 英検 過去形 put[プット] ing形 putting[プティング]

動 ～を置く、のせる、入れる

Suneo **put** some books on the table.
スネ夫は本をテーブルの上に置きました。

queen [クウィーン]

名 女王

Cleopatra was **queen** of Egypt.
クレオパトラはエジプトの女王でした。

question [クウェスチョン] 英検

名 質問、問題

May I ask you a **question**? — Sure, go ahead.
質問をしてもいいですか？ — はい、どうぞ。

quickly [クウィックリィ]

副 速く、すばやく

Shizuka answered the question **quickly**.
しずかちゃんはすばやく質問に答えました。

quick [クウィック] は形容詞で「速い、すばやい」という意味です。

quiet [クワイアット]

形 静かな、おとなしい

Can you be **quiet**, please? — Oh, sorry.
静かにしてくれるかな？ — あ、ごめんなさい。

quiz [クウィズ]

名 クイズ、小テスト

I have a **quiz** tomorrow.
明日、小テストがあるよ。

これ、知ってる？… 8 

オリンピック・パラリンピック
The Olympics　The Paralympics

オリンピックは4年に一度、世界中の選手がスポーツで競い合う大会です。夏季と冬季の2種類あります。2020年の夏季オリンピックは東京で行われる予定です。体の不自由な選手のオリンピックはパラリンピックと呼ばれ、こちらも4年に一度オリンピックと同じ年に開かれます。

主な競技名	
archery アーチェリー	swimming 水泳
track&field 陸上競技	wheelchair tennis 車いすテニス
table tennis 卓球	wheelchair basketball 車いすバスケットボール
cycling 自転車競技	wheelchair rugby 車いすラグビー
marathon マラソン	sitting volleyball シッティングバレーボール

race [レイス]

名 競争、レース

I want to watch a bicycle **race**.
自転車のレースを見てみたいな。

racket [ラケット] 英検

名 ラケット

I got a new tennis **racket**.
新しいテニスのラケットを買ってもらったよ。

radio [レイディオウ] 英検

名 ラジオ

I sometimes listen to the **radio** to study English.
ときどき、ラジオをきいて英語の勉強をするのよ。

rain [レイン] 英検

過去形 rained [レインド]
ing形 raining [レイニング]

❶ 名 雨　❷ 動 雨が降る

❶ I don't like **rain**.
雨はきらいだな。

❷ It's **raining**.
雨が降っています。

rainbow [レインボゥ]

名 虹

I can see a **rainbow** over there.
あそこに虹が見えるよ。

rainy [レイニィ] 英検

形 雨の、雨降りの、雨の多い

We have a lot of **rainy** days in June.
6月には雨の降る日が多いです。

read [リード] 英検

過去形 read[レッド]
ing形 reading[リーディング]

動 読む

I **read** history books in class.
授業で歴史の本を読みました。

reading [リーディング]

名 読むこと、読書

Shizuka likes **reading**.
しずかちゃんは読書が好きです。

ready [レディ] 英検

形 用意(ようい)ができて

Are(アー) you(ユー) **ready**(レディ)? — Not(ナット) yet(イェット).

用意(ようい)はできた？— まだです。

really [リーァリィ] 英検

副 本当(ほんとう)に、実(じつ)は

I(アィ) have(ハヴ) twenty(トゥウェンティ) cousins(カズンズ). — **Really**(リーァリィ)?

いとこが20人(にん)いるの。— 本当(ほんとう)？

recycle [リーサイクル]

過去形 recycled[リーサイクルド]
ing形 recycling[リーサイクリング]

動 リサイクルする、再生利用(さいせいりよう)する

We(ウィー) **recycle**(リーサイクル) newspapers(ニューズペイパァズ).

わたしたちは新聞紙(しんぶんし)をリサイクルします。

restroom [レストゥルーム]

名 (公共(こうきょう)の建物(たてもの)の)トイレ

Excuse(エクスキューズ) me(ミー). Where(（ホ）ウェア) is(イズ) the(ザ) **restroom**(レストゥルーム)?
— It's(イッツ) over(オウヴァ) there(ゼァ).

すみません。トイレはどこにありますか？
— あそこです。

⇨ bathroom(バスルーム)（66ページ）も見(み)ましょう。

ride ［ライド］ 英検

過去形 rode［ロウド］
ing形 riding［ライディング］

動 （乗り物などに）乗る

I like **riding** bikes. What about you?
自転車に乗るのが好きよ。あなたは？

She **rode** her bike to the library.
かの女は自転車に乗って図書館に行ったよ。

I want to **ride** a horse at the farm.
牧場で馬に乗ってみたいな。

right ［ライト］ 英検

❶ 名 右　❷ 形 正しい、右の

❶ Keep to the **right** here.
ここは右側通行です（＝ここでは右側を守ってください）。

❷ You're **right**.
そのとおり（＝あなたは正しいよ）。

river ［リヴァ］ 英検

名 川

I went to the **river** to fish.
川に釣りに行きました。

robot [ロウバット] 英検

名 ロボット

ドラエモン イズ ア ロウバット
Doraemon is a **robot**.
ドラえもんはロボットです。

rock [ラック] 英検

❶ 名 岩(いわ)、岩石(がんせき)　❷ 名 ロック、ロックンロール

アイ ライク ラック ミューズィック
❷ I like **rock** music.
わたしはロックミュージックが好(す)きです。

rocket [ラキット]

名 ロケット

アイ ワント トゥ ライド イン ア ラキット
I want to ride in a **rocket**.
ロケットに乗(の)ってみたいな。

roller coaster [ロウラァ コウスタァ]

名 ジェットコースター

マイ スィスタァ ライクス トゥ ライド ロウラァ コウスタァズ
My sister likes to ride **roller coasters**.
妹(いもうと)はジェットコースターに乗(の)るのが好(す)きなんだ。

room [ルーム] 英検

名 部屋(へや)

ズィス ルーム イズ クリーン
This **room** is clean.
この部屋(へや)はきれいだね。

rose [ロウズ] 英検

名 バラ

Look at the roses in the vase!
How beautiful!
花びんのバラを見て！ きれいね！

round [ラウンド] 英検

形 丸い

My eraser is round.
わたしの消しゴムは丸い。

run [ラン] 英検

過去形 ran[ラン]
ing形 running[ラニング]

動 走る、(水などが)流れる

Don't run in the classroom!
教室の中で走るな！

sad [サード] 英検

形 悲しい

I don't want to read a **sad** story.
悲しいお話は読みたくないよ。

salty [ソールティ]

形 塩からい

I don't like **salty** dishes.
塩からい料理は好きじゃないな。

same [セイム]

形 同じ

We are wearing the **same** T-shirts.
ぼくたち、同じTシャツを着ているね。

sat [サット]

動 sit [スィット] の過去形。座った

saw [ソー]

動 see [スィー] の過去形。見た

say [セィ]

過去形 said [セッド]
ing形 saying [セィイング]

動 言う

I **say** hello to my teachers.
先生にあいさつをします。

scared [スケァド]

形 こわがって、おびえた

I'm **scared** of mice.
ネズミはこわいよ。

scary [スケァリィ] 英検

形 おそろしい、こわい

Monsters are **scary**.
モンスターはおそろしいよ。

school [スクール] 英検

名 学校、授業

I go to **school** at eight o'clock every day.
毎日8時に学校へ行きます。

score [スコア] 英検

名 得点(とくてん)、スコア、点数(てんすう)

The score of the soccer game is 2-2.
サッカーの試合(しあい)の得点(とくてん)は2対(たい)2です。

sea [スィー] 英検

名 海(うみ)

Whales live in the sea.
くじらは海(うみ)に住(す)んでいます。

season [スィーズン]

名 季節(きせつ)、シーズン

The rainy season starts in June here.
このあたりでは、梅雨(つゆ)は6月(がつ)に始(はじ)まります。

second [セカンド] 英検

形 第(だい)2の、2番目(ばんめ)の

Turn right at the second corner.
2番目(ばんめ)の角(かど)で曲(ま)がってください。

see [スィー] 英検

過去形 saw[ソー]
ing形 seeing[スィーイング]

動 見る、会う、(I seeで) わかりました

Can you **see** this picture? — No, not really.
この写真が見えますか？— いえ、あんまり。

I **saw** Shizuka on the street yesterday.
きのう、通りでばったりしずかちゃんに会ったよ。

In April we enjoy **seeing** beautiful cherry blossoms.
わたしたちは4月にお花見を楽しみます。

See you!
またね！

sell [セル]

過去形 sold[ソウルド]
ing形 selling[セリング]

動 ～を売る、売れる

This shop **sells** dorayaki.
この店ではどらやきを売っているよ。

send [センド]

過去形 sent[セント]
ing形 sending[センディング]

動 ～を送る、とどける

I **send** New Year's cards to my friends every year.
ぼくは友だちに毎年年賀状を送ります。

she [シー] 英検

代 かの女は、かの女が

Shizuka is a fifth grader. **She** has many friends at school.
しずかちゃんは5年生です。かの女は学校にたくさん友だちがいます。

shell [シェル]

名 貝がら

I like to collect beautiful **shells** at the beach.
浜辺できれいな貝がらを集めるのが好きなんだ。

shiny [シャイニィ] 英検

形 ぴかぴかした、ひかる

This Christmas tree has **shiny** decorations.
このクリスマスツリーにはぴかぴかの飾りがあります。

shop [シャップ] 英検

過去形 shopped[シャップト]
ing形 shopping[シャッピング]

❶ 名 店 ❷ 動 買い物をする

❶ Oh, no! The **shops** are closed.
あらまあ、お店が閉まっている。

❷ Shizuka often **shops** at the department store.
しずかちゃんはよくデパートで買い物するよ。

shopping [シャッピング] 英検

名 買い物

We had lunch before **shopping**.
買い物の前にお昼ごはんを食べたよ。

I went to a **shopping** center yesterday.
昨日、ショッピングセンターに行ったわ。

short [ショート] 英検

形 短い、背が低い

This sweater is too **short**.
このセーター、短すぎるわ。

should [シュッド]

助 ～すべきだ、～するといい

I'm tired. — You **should** go to bed early tonight.
疲れたなあ。— 今夜は早く寝なさいね。

shout [シャウト]

過去形 shouted [シャウティッド]
ing形 shouting [シャウティング]

動 さけぶ、どなる

Gian **shouted** at the dog.
ジャイアンは犬に向かってどなった。

show [ショウ] 英検

過去形 showed [ショウド]
ing形 showing [ショウイング]

動 (人に～を) 見せる、案内する、教える

Show me the picture.
わたしにその写真を見せて。

Can you **show** me the way to the museum? — Sure.
美術館への道を教えてくれますか？— いいですよ。

shower [シャウァ] 英検

名 シャワー

I take a **shower** after running.
走った後にシャワーをあびます。

shrine [シュライン]

名 神社

We visit a **shrine** on New Year's Day.
わたしたちはお正月に神社に行きます。

sick [スィック]

形 病気の、気分が悪い

I am **sick** today.
今日は気分が悪いんだ。

side dish [サイド ディッシュ]

名 食事のつけあわせ

My favorite **side dish** is French fries.
いちばん好きなつけあわせは、フライドポテトです。

sing [スィング] 英検

過去形 sang[サング]
ing形 singing[スィンギング]

動 歌う

Gian is going to **sing** some songs at the recital.
ジャイアンはリサイタルで歌います。

My dad is **singing** in the bathroom.
お父さんがおふろで歌ってるよ。

sister ［スィスタァ］ 英検

名 姉、妹、姉妹

This is my **sister**, Dorami.

これはぼくの妹のドラミです。

英語では、兄弟同様、姉と妹の区別をしません。区別したいときには、妹なら younger sister［ヤンガァ スィスタァ］あるいは little sister［リトゥル スィスタァ］、姉なら older sister［オウルダァ スィスタァ］あるいは big sister［ビッグ スィスタァ］といいます。

sit ［スィット］ 英検 過去形 sat［サット］ ing形 sitting［スィッティング］

動 座る、こしかける

My grandma is **sitting** on the sofa.

おばあちゃんはソファに座っているよ。

I **sat** down on the grass. It was nice.

芝生に座ったんだ。気持ちよかったよ。

size ［サイズ］ 英検

名 サイズ

We have different **sizes**.

いろいろなサイズがあります。

skate ［スケイト］ 英検

名 スケート靴

I got a new pair of **skates**.

新しいスケート靴をもらったわ。

skating [スケイティング]

名 スケート

シズカ ライクス フィギュア スケイティング
Shizuka likes figure **skating**.
しずかちゃんはフィギュアスケートが好(す)きだよ。

ski [スキー] 英検 過去形 skied[スキード] ing形 skiing[スキーイング]

❶ 名 スキー、スキー板(いた)　❷ 動 スキーをする

マイ ファーザァ ボート ミー ア ペァ アヴ スキーズ
❶ My father bought me a pair of **skis**.
パパにスキーの板(いた)を買(か)ってもらったよ。

アィ キャン スキー ヴェリィ ウェル
❷ I can **ski** very well.
わたしスキーがうまいのよ。

skiing [スキーイング]

名 スキー

ノビタ ライクス スキーイング ヴェリィ マッチ
Nobita likes **skiing** very much.
のび太(た)はスキーがとても好(す)きだよ。

sky [スカィ] 英検

名 空(そら)

ザ スカィ イズ ビュータフル
The **sky** is beautiful.
空(そら)がきれいだよ。

sleep [スリープ] 英検

過去形 slept[スレプト]
ing形 sleeping[スリーピング]

動 眠る

I did not **sleep** well last night.
昨夜はよく眠れなかったよ。

I **slept** on the sofa last night.
昨日の夜はソファで寝たよ。

My sister is **sleeping** now.
妹は今、眠っています。

sleepy [スリーピィ] 英検

形 眠い、眠そうな

You look **sleepy**. Go to bed now.
眠たそうね。もう寝なさい。

slept [スレプト]

動 sleep [スリープ] の過去形。眠った

slow [スロゥ] 英検

形 おそい、ゆっくりな

He is a **slow** runner.
かれは走るのがおそいね
(=かれは走るのがおそい人だ)。

small [スモール] 英検

形 小さい

Which size pizza do you want? — I will take the **small** one.
どのサイズのピザにする？— 小さい方をもらうよ。

smart [スマート]

形 りこうな

Suneo is a **smart** boy.
スネ夫はりこうな男の子です。

「ずるがしこい」という意味もあります。

smell [スメル]

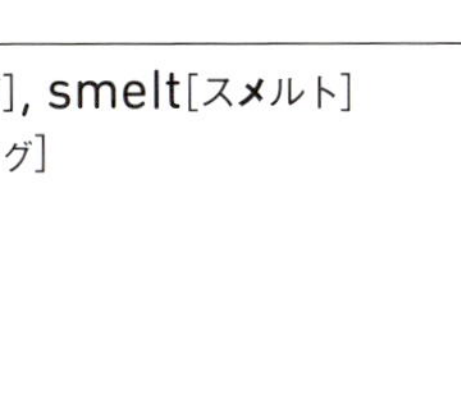

過去形 smelled[スメルド], smelt[スメルト]
ing形 smelling[スメリング]

動 においがする

This soup **smells** good.
このスープ、いいにおいだね。

smile [スマイル] 英検

過去形 smiled[スマイルド]
ing形 smiling[スマイリング]

❶ 動 ほほえむ、笑う ❷ 名 ほほえみ

❶ The baby **smiled** at me.
赤ちゃんがぼくを見て笑ったよ。

snack [スナック]

名 軽食、スナック

May I have a **snack**, Mom?
お母さん、おかしちょうだい。

snow ［スノゥ］ 英検

過去形 snowed［スノゥド］
ing形 snowing［スノゥイング］

❶ 名 雪　❷ 動 雪が降る

❶ I like **snow**. It's beautiful.
雪って好き。きれいだから。

❷ It **snows** a lot here.
ここはたくさん雪が降るよ。

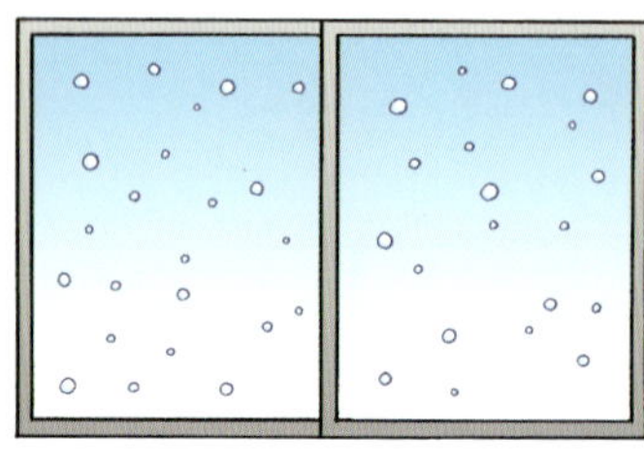

snowman ［スノゥマン］

名 雪だるま

Let's make a **snowman**.
雪だるまを作ろう。

snowy ［スノウィ］ 英検

形 雪の降る、雪の多い

It's **snowy** today.
今日は雪だよ。

so ［ソゥ］ 英検

❶ 接 それで、だから　❷ 副 そう、そのように

❶ It is cold and windy, **so** I will stay home.
寒くて風が強いから、今日は家にいるね。

❷ I think **so**, too.
ぼくもそう思うよ。

soap [ソウプ] 英検

名 せっけん

Wash your hands well with **soap**.
せっけんでよく手を洗ってね。

sofa [ソウファ] 英検

名 ソファ

This **sofa** is comfortable.
このソファは気持ちいいね。

soft [ソーフト] 英検

形 やわらかい、おだやかな

This towel is **soft**.
このタオルはやわらかいな。

some [サム] 英検

形 いくらかの、いくつかの、いく人かの

I have **some** money.
お金はいくらか持っているよ。

something [サムスィング]

代 何か、あるもの

I want **something** cold to drink.
何か冷たい飲み物が欲しいよ。

sometimes [サムタイムズ]

副 ときどき

I **sometimes** write letters to my grandma.
ときどき、おばあちゃんに手紙を書きます。

son [サン]

名 息子

I have two **sons** and one daughter.
わたしには息子が2人と娘が1人います。

song [ソーング] 英検

名 歌

What is your favorite **song**?
— Any **songs** by Korean-pop singers.
いちばん好きな歌は何？— K-POPの歌なら何でも。

soon [スーン] 英検

副 間もなく、すぐに

Mom will be back **soon**.
ママはすぐに帰ってくるからね。

See you **soon**.
またね。

sorry [サリィ] 英検

形 すまなく思って、気のどくで

I'm **sorry**. I dropped the dishes.
ごめんなさい。料理を落としてしまいました。

sound [サウンド]

過去形 sounded[サウンディッド]　ing形 sounding[サウンディング]

❶ 名 音　❷ 動 ひびく、聞こえる

❶ What's that **sound**? — It's just the wind.
あの音は何？— ただの風よ。

❷ That **sounds** good!
いいねえ。

sour [サウァ]

形 すっぱい

I don't like lemons. They are **sour**.
レモンは好きじゃないな。すっぱいから。

space [スペイス]

名 宇宙、空間、スペース

I want to go to **space** someday.
いつか宇宙に行きたいな。

speak [スピーク]

過去形 spoke[スポウク]　ing形 speaking[スピーキング]

動 話す

Let's **speak** English in the classroom.
教室では英語で話してみましょう。

He is **speaking** French very well.
かれはとても上手にフランス語を話しているね。

My mom **speaks** Chinese with my grandma.
お母さんはおばあちゃんとは中国語で話すのよ。

special [スペシャル]

形 特別の

This sandwich is **special**.
このサンドイッチは特別なんだ。

speech [スピーチ]

名 演説、スピーチ

Nobita gave a wonderful **speech**.
のび太はすばらしいスピーチをしました。

spend [スペンド]

過去形 spent[スペント]
ing形 spending[スペンディング]

動 すごす

I like to **spend** my holidays with my father.
お休みの日はお父さんといっしょにすごすのが好きだな。

spicy [スパイスィ]

形 からい

My brother likes **spicy** curry.
わたしのお兄ちゃんはからいカレーが好きなの。

sport [スポート] 英検

名 スポーツ

Do you play any **sports**? — I play tennis.
何かスポーツをしてる？— テニスをしています。

stadium [ステイディアム]

名 スタジアム

I watched a soccer game at a big **stadium**.
ぼく、大きなスタジアムでサッカーの試合を見たよ。

stand [スタンド] 英検

過去形 stood[ストゥッド]
ing形 standing[スタンディング]

動 立つ、立っている、位置する

Stand up. Read the book aloud.
立って。声を出して本を読んでごらん。

star [スター] 英検

名 星

I saw a shooting **star**.
流れ星を見たよ。

start [スタート] 英検

過去形 started[スターティッド]
ing形 starting[スターティング]

❶ 動 出発する ❷ 動 始まる、～を始める

❷ What time does school **start**? — It **starts** at 8:30.
学校は何時に始まるの？— 8時30分だよ。

station [ステイション] 英検

名 駅

I'm waiting for you at the **station**.
駅であなたを待っています。

stay
[ステイ] 過去形 stayed[ステイド] ing形 staying[ステイイング]

動 たい在する、とどまる

We will **stay** at the Sakura Hotel.
わたしたちはサクラホテルに泊まります。

stop
[スタップ] 英検 過去形 stopped[スタップト] ing形 stopping[スタッピング]

❶ 動 止まる、～をやめる ❷ 名 (バスなどの) 停留所

❶ We **stopped** running.
ぼくたちは走るのをやめました。

❷ We'll get off at the next **stop**.
ぼくら、次の停留所で降ります。

store
[ストァ] 英検

名 店、商店

The **store** sells stamps.
その店は切手を売っています。

story
[ストーリィ] 英検 複数形 stories[ストーリィズ]

名 話、物語

My dad told me the **story** of Pinocchio.
お父さんがピノキオの話をしてくれたよ。

straight [ストゥレイト]

副 まっすぐに

Go **straight**, and you'll see the library.
この道をまっすぐ行くと、図書館が見えます。

street [ストゥリート] 英検

名 通り、街の中の道

I saw my teacher on the **street**.
先生を通りで見かけました。

strong [ストゥローング]

形 強い

My big brother is tall and **strong**.
お兄ちゃんは背が高くて強いんだよ。

student [ストゥードゥント] 英検

名 生徒、学生

Those **students** go to school by bus.
あの生徒たちはバスで学校に行きます。

study [スタディ] 英検

三単現 studies[スタディズ] 過去形 studied[スタディド] ing形 studying[スタディイング]

動 勉強する、研究する

We **study** English twice a week.
ぼくたちは英語を週に2回勉強するよ。

I don't want to **study**.
勉強したくないよ。

A B C D E F G H I J K L M N O P Q R S T U V W X Y Z

subject [サブヂクト] 英検

名 教科、科目

My favorite **subject** is English.
得意科目は英語です。

subway [サブウェィ] 英検

名 地下鉄

My mom goes to work by **subway**.
お母さんは地下鉄に乗ってお仕事に行ってるの。

sun [サン]

名 (the sunで) 太陽、日光

The **sun** rises in the east.
太陽は東から昇ります。

sunny [サニィ] 英検

形 晴れている

How's the weather? — It's **sunny**.
お天気はどう? — 晴れているわ。

sure [シュア] 英検

❶ 形 確信して、きっと〜する ❷ 副 (返事で) もちろん、いいですよ

❶ Be **sure** to come to my house tomorrow.
明日、忘れずにうちに来てね。

❷ Can you teach me English? — **Sure**!
ぼくに英語を教えてくれる? — もちろん。

surfing [サーフィング]

名 サーフィン

This board is for **surfing**.
このボードはサーフィンのだよ。

surprised [サァプライズド]

形 おどろいた、びっくりした

I was **surprised** to see a big dog.
大きな犬に会ってびっくりしたよ。

sweet [スウィート] 英検

形 あまい

This cake is very **sweet**.
このケーキはすごくあまいね。

swim [スウィム] 

過去形 swam [スワム]
ing形 swimming [スウィミング]

動 泳ぐ

Can you **swim** fast?
— Yes. I'm good at **swimming**.
速く泳げる？— はい、泳ぐのは得意なんです。

swimmer [スウィマァ] 英検

名 泳ぐ人

My friend Misaki is a good **swimmer**.
わたしの友だちのみさきちゃんは泳ぐのが上手なのよ。

table [テイブル] 英検

名 テーブル、食(しょく)たく

Please wipe the **table**.
テーブルをふいてくださいね。

tag [ターグ]

名 おにごっこ

Playing **tag** is fun.
おにごっこは楽(たの)しい。

take [テイク] 英検 過去形 took[トゥック] ing形 taking[テイキング]

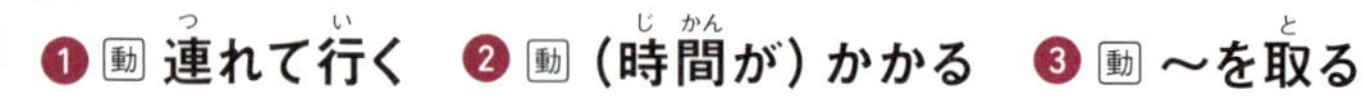

❶ 動 連(つ)れて行(い)く ❷ 動 (時間(じかん)が) かかる ❸ 動 ～を取(と)る

❶ My dad will **take** my dog for a walk.
パパが犬(いぬ)を散歩(さんぽ)に連(つ)れて行(い)くよ。

❷ It **took** an hour to get there.
そこに着(つ)くのに1時間(じかん)かかりました。

❸ What do you want to have? — I'll **take** this.
何(なに)が欲(ほ)しい？— これにする (=これを取(と)ります)。

talk [トーク] 英検

過去形 talked[トークト]
ing形 talking[トーキング]

動 話(はな)す、しゃべる

アイ トークト ト�ウ ミズ グリーン
I **talked** to Ms. Green.
グリーン先生(せんせい)に話(はな)しかけたよ。

tall [トール] 英検

形 背(せ)の高(たか)い、高(たか)さが～ある

ヂャイアン イズ トール フォァ ヒズ エイヂ
Gian is **tall** for his age.
ジャイアンは年(とし)のわりに背(せ)が高(たか)いね。

teach [ティーチ] 英検

三単現 teaches[ティーチズ]
過去形 taught[トート]
ing形 teaching[ティーチング]

動 教(おし)える

ミズ タナカ ティーチズ アス サイアンス
Ms. Tanaka **teaches** us science.
田中先生(たなかせんせい)は理科(りか)を教(おし)えてくれます。

teacher [ティーチャァ] 英検

名 先生(せんせい)

ミスタァ スズキ イズ アウァ ミューズィック ティーチャァ
Mr. Suzuki is our music **teacher**.
鈴木先生(すずきせんせい)はわたしたちの音楽(おんがく)の先生(せんせい)です。

team [ティーム] 英検

名 チーム

シズカ イズ アン ザ ヴァリィボール ティーム
Shizuka is on the volleyball **team**.
しずかちゃんはバレーボールチームに入(はい)っています。

telephone [テレフォウン] 英検

名 電話

Will you answer the **telephone**? — Sure.
電話に出てくれますか？— もちろん。

phoneと同じ意味です。

tell [テル]

過去形 told[トウルド]
ing形 telling[テリング]

動 話す、知らせる、教える

Tell me the truth.
本当のことを教えてね。

temple [テンプル]

名 寺

I visited many **temples** in Kyoto.
京都でたくさんのお寺を訪れました。

term test [ターム テスト] 英検

名 学期末テスト

We had a **term test** today.
今日期末テストがあったよ。

test [テスト] 英検

名 テスト

The English **test** was fun and easy.
英語のテストは楽しくて簡単だったよ。

thank [サンク] 英検

過去形 thanked[サンクト]
ing形 thanking[サンキング]

動 〜に感謝(かんしゃ)する、礼(れい)を言(い)う

Thank(サンキュー) you for(フォァ) your(ユァ) help(ヘルプ). — No(ノゥ) problem(プラブラム).
手伝(てつだ)ってくれてありがとう。— どうってことないよ。

that [ザット] 英検

❶ 形 あの、その　❷ 代 あれ、それ

❶ That(ザット) umbrella(アンブレラ) is(イズ) not(ナット) mine(マイン).
あのかさは、わたしのではありません。

❷ What's(（ホ）ワッツ) that(ザット)?
— It's(イッツ) a(ア) paper(ペイパァ) airplane(エァプレイン).
あれは何(なに)？— 紙飛行機(かみひこうき)だよ。

the [ザ]([ア][イ][ウ][エ][オ]の音(おと)の前(まえ)で[ズィ]) 英検

冠 その

The(ザ) dictionary(ディクショネリィ) is(イズ) thick(スィック).
その辞書(じしょ)、厚(あつ)いんだ。

theater [スィーアタァ] 英検

名 劇場(げきじょう)

Watching(ワッチング) a(ア) play(プレイ) at(アット) a(ア) theater(スィーアタァ) is(イズ) exciting(イクサイティング).
劇場(げきじょう)でお芝居(しばい)を見(み)るのはわくわくするね。

play(プレイ)は「お芝居(しばい)」という意味(いみ)です。

their [ゼァ] 英検

代 かれらの、かの女たちの、それらの

Ken's parents live in Brazil. **Their** house is near the beach.
ケンの両親はブラジルに住んでいます。かれらの家は海の近くにあります。

theirs [ゼァズ] 英検

代 かれらのもの、かの女らのもの

Our school is bigger than **theirs**.
ぼくたちの学校の方がかれらの（学校）より大きいね。

them [ゼム] 英検

代 かれらに、かれらを、かの女らに、かの女らを、それらに、それらを

I have two dogs. I feed **them** every morning.
犬を2ひき飼っています。
わたしは毎朝かれらにえさをやります。

then [ゼン] 英検

副 そのあと、その時

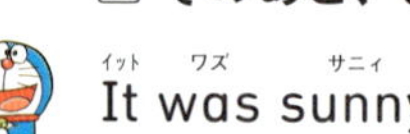

It was sunny when I woke up. **Then** it started to rain.
朝起きたときは晴れていたんだ。そのあと雨が降り出したんだ。

there [ゼァ] 英検

副 そこに、（There is, There are の形で）～がある

There is a vase on the table.
テーブルに花びんがあります。

these ［ズィーズ］ 英検

❶ 形 これらの　❷ 代 これらは、これらが

❶ **These** books are for you.
これらの本はあなたのためのです
（＝これらの本をあなたに）。

they ［ゼィ］ 英検

代 かれらは、かの女らは、それらは

Gian and Jaiko like comic books.
They go to the same school.
ジャイアンとジャイ子はまんが本が好きです。
かれらは同じ学校に行っています。

thin ［スィン］

形 うすい、（ひもなどが）細い

This pizza is **thin**.
このピザ、うすいね。

thing ［スィング］

名 もの、こと

There are many **things** to do tonight.
今夜はすることがたくさんあるんだ。

think [スィンク] 英検

過去形 thought[ソート]
ing形 thinking[スィンキング]

動 〜と思う、考える

What do you **think**? — I **think** it's a good idea.
あなたはどう思う？— よい考えだと思うよ。

thirsty [サースティ]

形 のどがかわいた

It's so hot in here. I'm **thirsty**.
暑いなあ。のどがかわいたよ。

this [ズィス] 英検

❶ 形 この、これの　❷ 代 これ

❶ Look at **this** T-shirt. It is dirty.
このTシャツを見て。よごれているわ。

those [ゾウズ] 英検

❶ 形 あれらの、それらの　❷ 代 あれら、それら

❶ **Those** robots are cool.
あのロボットたち、かっこいいね。

thousand [サウザンド]

❶ 名 千　❷ 形 千の

❷ How much is this cap? — It's one **thousand** yen.
このぼうしはいくらですか？— 1,000円です。

throw [スロゥ]

過去形 threw[スルー]
ing形 throwing[スロゥイング]

動 投げる

The pitcher **threw** the ball.
ピッチャーはボールを投げた。

ticket [ティケット] 英検

名 きっぷ、入場券

You need a **ticket** to see the game.
その試合を見るにはチケットが必要です。

time [タイム] 英検

名 時間、時刻

Do you have **time** to go shopping? — Yes, I do.
買い物に行く時間はある？— あるよ。

tired [タイァド] 英検

形 つかれた

I ran two kilometers. I'm **tired**.
2キロ走ったんだ。つかれたよ。

to [トゥ] 英検

前 ～へ、～に、～まで

How do you get **to** the park? — By car.
公園へはどうやって行くの？— 車で行くよ。

today ［トゥデイ］ 英検

❶ 名 今日　❷ 副 今日

❶ **Today** is my birthday.
今日はぼくの誕生日なんだ。

❷ I'm going out **today**.
今日は出かけるんです。

together ［タゲザァ］ 英検

副 いっしょに

They are enjoying a warm bath **together**.
かれらはいっしょにおふろを楽しんでいる。

tomorrow ［トゥマーロゥ］ 英検

❶ 名 明日、未来　❷ 副 明日

❷ See you **tomorrow**. — See you.
また明日。— またね。

tonight ［トゥナイト］ 英検

❶ 名 今晩　❷ 副 今晩

❷ I am going to watch fireworks **tonight**.
今晩、花火を見に行くのよ。

too [トゥー] 英検

❶ 副 ～もまた　❷ 副 あまりに～すぎる

❶ I like cola. — Me, **too**.
コーラが好きなの。— ぼくも。

❷ This T-shirt is **too** big.
このＴシャツは大きすぎます。

took [トゥック]

動 take [テイク] の過去形。取った

toothbrush [トゥースブラッシュ]

名 歯ブラシ

Don't forget to bring your **toothbrush**.
自分の歯ブラシを持ってくるのを忘れないで。

toothpaste [トゥースペイスト] は「歯みがき粉」のことです。

top [タップ]

名 頂上、てっぺん、トップ

We took pictures at the **top** of the mountain.
山の頂上で写真を撮りました。

touch [タッチ]

三単現 touches[タッチズ] 過去形 touched [タッチト] ing形 touching[タッチング]

動 さわる、ふれる

Don't **touch** the food with your fingers.
指で食べ物をさわっちゃだめよ。

towel [タウァル] 英検

名 タオル

Dry your hair with the **towel**.
タオルで髪をふいて。

tower [タウァ]

名 とう、タワー

What is the tallest **tower** in this town?
— I don't know.
この町でいちばん高いタワーは何？
— 知らないなあ。

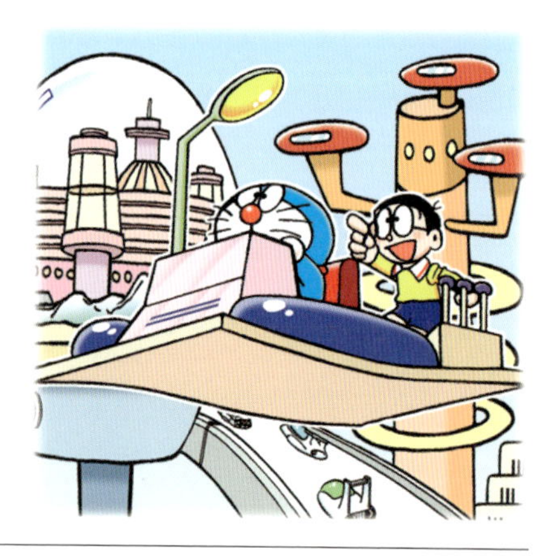

toy [トィ] 英検

名 おもちゃ

Wow! She has many **toys**.
わあ！ かの女はたくさんおもちゃを持っているね。

track [トゥラック]

名 (陸上競技の)トラック、走路

Look at the boy running on the **track**.
トラックを走っている男の子を見て。

train [トゥレイン] 英検

名 列車、電車

You can change **trains** at Tokyo Station.
東京駅で電車を乗り換えられます。

This is the express **train** bound for Osaka.
これは大阪行きの急行電車です。

treasure [トゥレジャァ]

名 宝物

This is my **treasure** box.
これは、わたしの宝箱なの。

tree [トゥリー] 英検

名 木

There are many **trees** at our school.
わたしたちの学校にはたくさん木があります。

trip [トゥリップ] 英検

名 旅行

My best memory is our school **trip**.
ぼくのいちばんの思い出は遠足だ。

true [トゥルー]

形 本当の

Is that **true**? — Yes, it's **true**.
それは本当？— うん、本当だよ。

try [トゥライ]

三単現 tries [トゥライズ]　過去形 tried [トゥライド]　ing形 trying [トゥライイング]

動 試す、試しにやってみる

Let's **try** this cake. — Sure.
このケーキ、試しに食べてみようよ。— そうだね。

turn [ターン]

過去形 turned [ターンド]　ing形 turning [ターニング]

動 まわる、曲がる

Turn right at the next corner.
次の角を右に曲がって。

TV [ティーヴィー] 英検

名 テレビ

I like to watch the weather forecast on **TV**.
テレビで天気予報を見るのが好きです。

✎ TVはtelevisionの略です。

TV program [ティーヴィー プロウグラム] テレビ番組

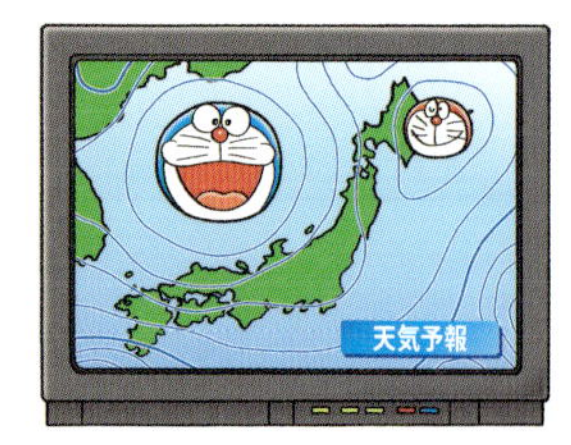

umbrella [アンブレラ] 英検

名 (雨用の) かさ

I left my **umbrella** at school.
学校にかさを置いてきちゃった。

uncle [アンクル] 英検

名 おじ

My **uncle** is a lawyer.
ぼくのおじさんは弁護士なんだ。

under [アンダァ] 英検

前 〜の下に、下で

The children are sitting **under** the tree.
子どもたちは木の下に座っています。

understand [アンダァスタンド]

過去形 understood [アンダァストゥッド]
ing形 understanding [アンダァスタンディング]

動 わかる、理解する

Do you **understand**? — Yes, I do.
わかりますか？— はい。

up [アップ] 英検

副 上に、上へ

I'll go **up** in the elevator.
エレベーターで上に行くね。

us [アス] 英検

代 わたしたちに、わたしたちを、ぼくたちに、ぼくたちを

Tell **us** your new address.
ぼくたちに君の新しい住所を教えて。

use [ユーズ] 英検 過去形 used[ユーズド] ing形 using[ユーズィング]

動 ～を使う

Doraemon can **use** a fork and knife very well.
ドラえもんはフォークとナイフをとても上手に使えるよ。

Can I **use** your eraser? — Sure, go ahead.
君の消しゴム使っていい？— いいよ、どうぞ。

usually [ユージュアリィ] 英検

副 いつも、たいてい、ふつう

My older sister **usually** goes shopping on Sundays.
お姉ちゃんはたいてい日曜日に買い物に行くんだ。

Vv ［ヴィー］

vacation ［ヴェイケイション］ 英検

名 休み、休暇

What are you going to do during your **vacation**?
— I'll go to Mexico.
お休みには何をするの？
— メキシコに行くんだ。

vegetable ［ヴェヂタブル］ 英検

名 野菜

My mom grows **vegetables** on the farm.
お母さんは農園で野菜を育てています。

very ［ヴェリィ］ 英検

副 とても、非常に、大変

Your English is **very** good.
英語がとても上手だね。

A B C D E F G H I J K L M N O P Q R S T U V W X Y Z

video ［ヴィディオウ］ 英検

名 ビデオ

マィ グランドゥファーザァ ショウド ミー ザ ヴィディオウ
My grandfather showed me the **video**.

おじいちゃんがビデオを見(み)せてくれた。

video game ［ヴィディオウ ゲイム］ 英検

名 テレビゲーム、ビデオゲーム

ヴィディオウ ゲイムズ アー ファン トゥ プレィ
Video games are fun to play.

テレビゲームは楽(たの)しいな。

visit ［ヴィズィット］

過去形 visited［ヴィズィッティド］
ing形 visiting［ヴィズィティング］

動 訪問(ほうもん)する、見(み)に行(い)く

アィ ヴィズィッティド マィ グランドゥマー イン ザ ハスピトゥル
I **visited** my grandma in the hospital.

入院中(にゅういんちゅう)のおばあちゃんに会(あ)いに行(い)きました。

アィ ワント トゥ ヴィズィット イタリィ
I want to **visit** Italy.

イタリアに行(い)ってみたいな。

voice ［ヴォイス］

名 声(こえ)、音声(おんせい)

ドラエモン イズ スリーピング
Doraemon is sleeping.

プリーズ スピーク イン ア ロウ ヴォイス
Please speak in a low **voice**.

ドラえもんが寝(ね)ているの。

小(ちい)さな声(こえ)で話(はな)して。

volunteer ［ヴァランティア］

名 志願者、ボランティア

Are there any **volunteers**? — I'll do it!
だれか、やってくれますか？— ぼくがやります。

volunteer day ［ヴァランティア デイ］ 英検

名 ボランティアの日

January 17 is the **volunteer day** at my school.
わたしの学校では1月17日はボランティアの日です。

これ、知ってる？…9

委員会活動・クラブ活動
Committee Meeting　Club Activities

アメリカの小・中学校には、日本のような委員会活動や「部活」と呼ばれるクラブ活動がありません。一方、生徒会活動は積極的に行われています。学校にはスポーツのクラブがないので、子どもたちは住む地域のサッカーや野球のチームなどに入って活動します。

主なクラブ

art club 美術部	drama club 演劇部
basketball team バスケットボール部	kendo club 剣道部
brass band club ブラスバンド部	newspaper club 新聞部
calligraphy club 書道部	science club 科学部
chorus club 合唱部	track and field team 陸上部
computer club コンピューター部	volleyball team バレーボール部
dance club ダンス部	tennis club テニス部

wait [ウェイト] 英検

過去形 waited[ウェイティド]
ing形 waiting[ウェイティング]

動 待つ

Shizuka and Nobita waited for the bus.
しずかちゃんとのび太はバスを待ちました。

Wait a minute.
ちょっと待って。

waiter [ウェイタァ] 英検

名 ウエーター

The waiter in this restaurant is very nice.
このレストランのウエーターはとても親切だね。

wake [ウェイク]

過去形 woke[ウォウク]
ing形 waking[ウェイキング]

動 目が覚める

I wake up early every morning.
ぼくは毎朝早く目が覚めるんだ。

walk [ウォーク] 英検

過去形 walked[ウォークト]
ing形 walking[ウォーキング]

動 歩く、散歩する、歩かせる、散歩させる

You can walk to the station.
駅まで歩けますよ。

I walk my pet every day.
毎日ペットと散歩するよ。

wall [ウォール] 英検

名 かべ

There is a picture on the wall.
かべに絵がかかっています。

want [ワント] 英検

過去形 wanted[ワンティド]
ing形 wanting[ワンティング]

① 動 ～が欲しい ② 動 ～をしたい

① I want a white T-shirt.
白いTシャツが欲しいな。

② I want to travel abroad.
海外旅行をしたいな。

warm [ウォーム] 英検

形 暖かい

This room is warm.
この部屋は暖かいね。

was [ワズ] 英検

動 be [ビィ]、am [アム]、is [イズ] の過去形。～でした

wash [ワッシュ] 英検

三単現 washes[ワッシィズ] 過去形 washed [ワッシュト] ing形 washing[ワッシング]

動 洗う、洗たくする

I **wash** the dishes on the weekend.
ぼくは週末に皿洗いをします。

watch [ワッチ] 英検

三単現 watches[ワッチズ] 過去形 watched [ワッチト] ing形 watching[ワッチング]

❶ 動 (じっと) 見る　❷ 名 うで時計

❶ I want to **watch** wrestling on TV.
テレビでレスリングが見たいな。

❷ I got a **watch** for my birthday.
お誕生日にうで時計をもらったよ。

water [ウォータァ] 英検

名 水

I'm thirsty. Can I have some **water**, please?
— Here you are.
のどがかわいています。お水をいただけませんか？
— はい、どうぞ。

way [ウェィ] 英検

名 道、方向

Which way do you go? — This way.
どっちの道に行くの？— こちらです。

we [ウィー] 英検

代 わたしたちは、わたしたちが、ぼくたちは、ぼくたちが

We are elementary school students.
ぼくたちは小学生です。

weak [ウィーク]

形 弱い

Nobita's arm is not weak.
のび太のうでは弱くないよ。

wear [ウエァ] 過去形 wore[ウォァ] ing形 wearing[ウェァリング]

動 ～を着ている、身につけている

He's wearing a blue sweater.
かれは青いセーターを着ています。

weather [ウェザァ] 英検

名 天気

How's the weather today?
— It's sunny.
今日のお天気はどう？
— 晴れだよ。

week [ウィーク] 英検

名 週、1週間

I'll stay in Hawaii for a week.
ハワイに1週間たい在します。

weekend [ウィーケンド] 英検

名 週末

How was your weekend? — It was great.
週末はいかがでしたか？— とてもよかったよ。

welcome [ウェルカム] 英検

間 ようこそ、いらっしゃい

Welcome to Japan.
日本にようこそ。

well [ウェル] 英検

① 副 上手に、よく ② 形 元気な、健康な

① I can ski very well.
わたしはスキーがとても上手なんです。

went [ウェント]

動 go [ゴゥ] の過去形。行った

wet [ウエット]

形 ぬれている

My raincoat is **wet**.
レインコートがぬれている。

what [(ホ)ワット] 英検

❶ 形 何の、どんな　❷ 代 何が、何を

❷ **What** do you want for lunch? — I'll have spaghetti.
お昼に何を食べたい？— スパゲッティがいいな。

what's [(ホ)ワッツ]

what is [(ホ)ワット イズ] の短縮形

What's his name? — His name is Nobita.
かれの名前は何？— のび太だよ。

wheel [ホウィール]

名 車輪

That truck has big **wheels**.
あのトラックの車輪は大きいね。

wheelchair [ホウィールチェア]

名 車いす

My friend is good at **wheelchair** basketball.
ぼくの友だちは車いすバスケットが上手なんだ。

when [(ホ)ウェン] 英検

副 いつ

When is Halloween?
— It's on October 31.
ハロウィーンはいつ？
— 10月31日です。

where [(ホ)ウェア] 英検

副 どこに、どこで

Where are you going? — To the post office.
どこに行くの？— 郵便局だよ。

which [(ホ)ウィッチ] 英検

❶ 形 どちらの　❷ 代 どちらが、どちらを

❶ Which one is your sister? — This girl.
どちらがあなたのお姉さん（妹さん）なの？— この子だよ。

who [フー] 英検

代 だれ

Who wants to try? — I do!
だれかやってみたい？— わたしにさせて。

whose [フーズ] 英検

代 だれの、だれのもの

Whose cup is this? — It's Shizuka's.

これはだれのカップですか？— しずかちゃんのです。

why [(ホ)ワィ] 英検

副 なぜ、どうして

Why are you late? — Because the trains stopped.

どうしておくれたの？— 電車が止まったからです。

will [ウィル] 英検

助 ～だろう、～するつもりだ、(Will you ～？の形で) ～してくれませんか

Shizuka will come here.

しずかちゃんがここに来るでしょう。

win [ウィン] 過去形 won[ワン] ing形 winning[ウィニング]

動 勝つ

We want to win the game.

ぼくたちは試合に勝ちたいんだ。

window [ウィンドウ] 英検

名 窓

Please close the window.

窓を閉めてください。

windy ［ウィンディ］ 英検

形 風の吹く、風が強い

It's very **windy**. Let's stay home today.
風がとってもつよいね。今日は家ですごそう。

wind は「風」という意味です。

with ［ウィズ］ 英検

前 ～といっしょに、～で

I'll go **with** you, Dad.
パパ、ぼくもいっしょに行くよ。

woman ［ウマン］ 英検 複数形 women［ウィミン］

名 女の人

The **woman** is a cartoonist.
あの女の人はまんが家です。

wonderful ［ワンダァフル］ 英検

形 すばらしい、ふしぎな

The dinner was **wonderful**.
夕食はすばらしかった。

word ［ワード］

名 言葉、単語

Please look up the **word** in the dictionary.
辞書でその言葉を調べなさい。

work [ワーク] 英検

過去形 worked[ワークト]
ing形 working[ワーキング]

① 動 働く、勉強する ② 名 仕事、勉強

① My brother works at a bank.
兄さんは銀行で働いています。

② My father swims after work every Friday.
お父さんは毎週金曜日に仕事の後で泳ぐよ。

world [ワールド] 英検

名 世界

I want to travel around the world.
世界中を旅行したいです。

worry [ワーリィ]

三単現 worries[ワーリィズ] 過去形 worried[ワーリィド] ing形 worrying[ワーリィイング]

動 心配する、なやむ

Don't worry. Your dad will be back soon.
心配しないで。パパはすぐもどってくるよ。

would [ウッド]

助 will[ウィル]の過去形。～だろう。(Would you ～？の形で)～していただけませんか；(would like ～で)～が欲しいのですが

I'm a little cold. Would you please close the window?
ちょっと寒いんです。窓を閉めていただけますか。

What would you like?
— I'd like a hamburger, please.
何が欲しいですか？
— ハンバーガーをお願いします。

wow [ワゥ] 英検

間 わあ、うわーっ

Wow! It's snowing outside.
うわぁ、外は雪が降っているよ。

write [ライト] 英検

過去形 wrote[ロウト]
ing形 writing[ライティング]

動 書く、（～に）手紙を書く

I'll write to my grandfather on his birthday.
おじいさんの誕生日に手紙を書きます。

What are you writing? — A letter to my friend.
何を書いているの？— お友だちへの手紙よ。

wrong [ローング]

形 悪い、まちがった

I went the wrong way.
道をまちがえちゃった（＝まちがった道に行っちゃった）。

What's wrong?
どうしたの？

year [イァ] 英検

名 年、～才

My little sister will be three years old this **year**.
妹は今年3才になります。

yen [イェン] 英検

名 円（日本のお金の単位）

How much is the pen? — It's 100 **yen**.
そのペンはいくら？— 100円よ。

yes [イェス] 英検

副 （返事で）はい

Are you Nobita? — **Yes**, I am.
のび太君ですか？— はい、そうです。

yesterday ［イェスタァデイ］ 英検

❶ 名 昨日　❷ 副 昨日

❷ I went to the beach **yesterday**.
昨日、海に行ったよ。

you ［ユー］ 英検

代 あなたは、あなたに、あなたを、あなたたちは、あなたたちに、あなたたちを

Are **you** Ms. Green? — Yes, I am.
あなたがグリーンさんですか？— はい、そうです。

young ［ヤング］ 英検

形 年下の、若い

That teacher is **young**.
あの先生、若いのよ。

your ［ユァ］ 英検

代 あなたの、あなたたちの

Show me **your** notebook.
あなたのノートを見せて。

yours [ユァズ] 英検

代 あなたのもの、あなたたちのもの

Is this letter yours? — Yes, it is. Thanks!

この手紙は君のじゃない？— そうよ。ありがとう。

yo-yo [ヨウヨゥ]

名 ヨーヨー

Do you like to play with yo-yos? — Not really.

ヨーヨーで遊ぶの好き？— まあまあかな。

yummy [ヤミィ]

形 おいしい

Yummy! I love curry and rice.

おいしい！ カレーライス大好き。

zero [ズィァロゥ]

名 ゼロ

Let's count up from **zero**.
ゼロから数(かぞ)えよう。

zoo [ズー] 英検

名 動物園(どうぶつえん)

We went to the **zoo** with our friends.
ぼくたち、友(とも)だちと動物園(どうぶつえん)に行(い)ったんだ。

おうちのかたへ

冠詞について…小学生のお子さんが、知りたい英単語を一目見てわかるようにという観点から、必ず theをつけて使う場合を除き、見出しの訳語に冠詞（a、an、the）を付けていません。

和英辞典

英語で何というかを調べるための辞典です。
国語辞典と同じように「あいうえお順」に並んでいます。
「これ、英語で何ていうのかな？」と思ったら、
ページを開いてみましょう！

あい (愛)

love [ラヴ]

アイドルかしゅ (アイドル歌手)

pop-star [パップ スター]

あう (会う)

see [スィー]; (初めて) **meet** [ミート]

明日会えるかな？— もちろん。

Can I **see** you tomorrow? — Sure.

会えてうれしいです。(はじめまして。)

— わたしもうれしいです。

Nice to **meet** you.

— Nice to **meet** you, too.

あかちゃん (赤ちゃん)

baby [ベイビィ]

あがる (上がる)

go up [ゴウ アップ]

階段を上がって。

Go up the stairs.

あかるい（明るい）

light [ライト]

あくしゅする（あく手する）

shake hands [シェイク ハンヅ]

あける（開ける）

open [オウプン]

ドアを開けてください。

Open the door, please.

あげる

（あたえる） **give** [ギヴ]

しずかちゃんにプレゼントをあげたいな。

I want to give a present to Shizuka.

あげる（上げる）

（物や手を） **raise** [レイズ];
（持ち上げる） **lift** [リフト]

道を渡るときは手を上げてね。

Raise your hand when you cross the street.

あさ（朝）

morning［モーニング］

わたしは朝早く出かけます。

I leave early in the **morning**.

あさがお（朝顔）

morning glory［モーニング グローリィ］

あさがおはきれいね。

Morning glories are beautiful.

あさごはん（朝ごはん）

breakfast［ブレックファスト］

朝ごはんに何を食べたの？

―トーストをひと切れ食べました。

What did you eat for **breakfast**?

— I ate a slice of toast.

a slice of は、「ひと切れ」の意味です。

あさって

the day after tomorrow［ザ デイ アフタァ トゥマーロウ］

あさっていっしょに遊ぼうね。

Let's get together **the day after tomorrow**.

get together で「集まる」という意味です。

あした（明日）

tomorrow [トゥマーロゥ]

また明日ね。
See you **tomorrow**.

明日は日曜日だ。
It's Sunday **tomorrow**.

あせ・あせをかく

sweat [スウェット]

あそぶ（遊ぶ）

play [プレィ]

公園で遊びたいな。
I want to **play** in the park.

あたたかい（暖かい・温かい）

warm [ウォーム]; （飲み物などが）**hot** [ハット]

このセーターは暖かいね。
This sweater keeps me **warm**.

あたらしい（新しい）

new [ニュー]

学校に新しい先生が来た。
A **new** teacher came to our school.

あたる（当たる）

（ぶつかる）**hit**［ヒット］; **strike**［ストゥライク］

痛い！　ボールが頭に当たった。

Ouch! A ball **hit** me on the head.

hitは過去形も同じ形、同じ発音です。

あつい（熱い・暑い）

hot［ハット］

気をつけて！　このやかんは熱いよ。

Watch out! This kettle is **hot**.

今日は本当に暑いなあ。

It's really **hot** today.

あつい（厚い）

thick［スィック］

あつまる（集まる）

get together［ゲット タゲザァ］; **gather**［ギャザァ］

スネ夫の家に集まろう。

Let's **get together** at Suneo's house.

あつめる（集める）

collect［カレクト］

月曜日に空きかんを集めているんだ。

We **collect** empty cans on Mondays.

あてる (当てる)

guess [ゲス]; (ぶつける) **hit** [ヒット]

これ、なんだか当ててみて。

Can you guess what this is?

ジャイアンにボールを当てた。

I hit Gian with the ball.

あとで (後で)

later [レイタァ]; **after** [アフタァ]

またあとで。

See you later.

あなた

you [ユー]

あなたはみんなに親切ですね。

You are kind to everyone.

あに (兄)

brother [ブラザァ]; **older brother** [オウルダァ ブラザァ]; **big brother** [ビッグ ブラザァ]

英和辞典のbrother (72ページ) も見ましょう。

アニメ

(テレビの) **anime series** [アーニメィ スィァリーズ];
(映画の) **animated movie** [アニメイティド ムーヴィ]

あ あいうえお かきくけこ さしすせそ たちつてと なにぬねの はひふへほ まみむめも やゆよ らりるれろ わをん

あね（姉）

sister [スィスタァ]; **older sister** [オウルダァ スィスタァ]; **big sister** [ビッグ スィスタァ]

姉は留学中です。

My **big sister** is studying abroad.

英和辞典のsister（192ページ）も見ましょう。

あの

that [ザット]

あの男の人だれ？— わたしのおじさんよ。

Who's **that** man? — He is my uncle.

アパート

（部屋）**apartment** [アパートゥマント];
（建物）**apartment building** [アパートゥマント ビルディング]

あぶない（危ない）

dangerous [デインヂャラス]

この道は危ないよ。

This street is **dangerous**.

危ない！

Watch out!

あまい（甘い）

sweet [スウィート]

このアイスクリームはすごく甘い。

This ice cream is very **sweet**.

あめ（雨）・あめがふる（雨が降る）

rain [レイン]

雨が降っているよ。

It is raining.

あらう（洗う）

wash [ワッシュ]

あらしの

stormy [ストーミィ]

ありがとう

Thank you. [サンキュー]; **Thanks.** [サンクス]

手伝ってくれてありがとう。

Thank you for your help.

あるく（歩く）

walk [ウォーク]

公園に歩いて行こう。

Let's walk to the park.

アルファベット

the alphabet [ズィ アルファベット]

あれ

that [ザット]

あれがぼくたちの学校だよ。

That's our school.

い

いいえ

no [ノゥ]

このまんが、あなたの？— いいえ、ちがうわ。

Is this comic book yours? — **No**, it isn't.

イーメール (Eメール)

e-mail [イーメイル]

「メール」(364ページ)も見ましょう。

いいん (委員)

committee member [カミッティ メンバァ]

わたしは図書委員です。

I'm a library **committee member**.

学級委員(クラス委員)になったよ。

I became a **class leader**.

委員会 committee

いう (言う)

say [セィ]; (告げる) **tell** [テル]

「りんご」って英語で何て言うの？

— apple って言うんだ。

How do you **say** "Ringo" in English?

— You **say** "apple."

いえ（家）

（建物）**house**［ハウス］；（住まい・家庭）**home**［ホウム］

これがぼくの家です。
This is my **house**.

明日は家にいるよ。
I'll be **home** tomorrow.

いく（行く）

go［ゴウ］；（相手のほうへ）**come**［カム］

午後、図書館に行こう。
Let's **go** to the library this afternoon.

パーティーには行きますか？
Are you **coming** to the party?

いくつ

（数が）**how many**［ハウ メニィ］；（年が）**how old**［ハウ オウルド］

えんぴつをいくつ持っている？
How many pencils do you have?

あなたの弟はいくつ？
How old is your little brother?

いくら

how much［ハウ マッチ］

このお花はいくらですか？
— 100円です。
How much is this flower?
— It's 100 yen.

い あいうえお かきくけこ さしすせそ たちつてと なにぬねの はひふへほ まみむめも やゆよ らりるれろ わをん

いじめ

bullying [ブリィイング]

いじめはいけないよ。

Bullying is wrong.

いそがしい (忙しい)

busy [ビズィ]

勉強で忙しいんだ。

I am busy with my studies.

いそぐ (急ぐ)

hurry [ハーリィ]

急いで！

Hurry up!

いたい (痛い)

hurt [ハート]; (痛いとき思わず出ることば) **ouch** [アウチ]

どうしたの？— ひざが痛いんだ。

What's the matter? — My knee hurts.

おなかが痛いよ。

I have a stomachache.

歯が痛いよ。

I have a toothache.

頭が痛いよ。

I have a headache.

痛い！

Ouch!

いたずら

mischief [ミスチフ]

いちばん (一番)

first [ファースト]; (最高の) **best** [ベスト];
(いちばん好きな) **favorite** [フェイヴァリット]

100メートル走でいちばんになった。
I was **first** in the one-hundred-meter dash.

ケンはぼくのいちばんの友だちだ。
Ken is my **best** friend.

いちばん好きな食べ物は何？
What's your **favorite** food?

dash は「短距離走」の意味です。

いつ

when [(ホ)ウェン]

いつ会える？
When can we meet?

いっしょうけんめい (一生けん命)

hard [ハード]

ドラえもんは一生けん命勉強した。
Doraemon studied very **hard**.

いっしょに

together [タゲザァ]; (〜と) **with** [ウィズ]

お昼をいっしょに食べようよ。

Let's eat lunch **together**.

わたしはお父さんといっしょにケーキを焼くわ。

I'll bake a cake **with** my dad.

いってきます (行ってきます)

See you later. [スィー ユー レイタァ]; **Bye.** [バィ]

いってらっしゃい (行ってらっしゃい)

See you later. [スィー ユー レイタァ]; **Bye.** [バィ]

行ってきます。

— 行ってらっしゃい。楽しい一日をね！

I'm leaving now.

— **See you later.** Have a good day!

いっぱい

full [フル]

この部屋はおもちゃでいっぱいだ。

This room is **full** of toys.

いつも

always [オールウェイズ]; (たいてい) **usually** [ユージュアリィ]

ぼくのおじいちゃんはいつもぼうしをかぶっている。

My grandpa **always** wears a hat.

いとこ

cousin [カズン]

いぬ

dog [ドーグ]

いのち (命)

life [ライフ]

いま (今)

now [ナウ]

今、何時? — 9時だよ。

What time is it **now**? — It's nine o'clock.

いみ (意味)

meaning [ミーニング]

いもうと (妹)

sister [スィスタア]; **younger sister** [ヤンガア スィスタア]; **little sister** [リトル スィスタア]

英和辞典の sister (192ページ) も見ましょう。

インターネット

the Internet [ズィ インタアネット]

インターネットを授業で使います。

We use **the Internet** in class.

うえ（上）

（くっついて）**on**［アン］；（はなれて）**above**［アバヴ］；（上のほうに）**up**［アップ］

時計は机の上にあるよ。
The clock is **on** the desk.

雲の上を飛びたい。
I want to fly **above** the clouds.

うきわ（うき輪）

swim ring［スウィム リング］

うごかす（動かす）

move［ムーヴ］

みなさん、机を動かして。
Move your desks, everybody.

うごく（動く）

move［ムーヴ］；（機械などが）**work**［ワーク］

その時計は動いていない。
The clock is not **working**.

うしろ（後ろ）

behind［ビハインド］

ジャイアンがぼくの後ろにいる。
Gian is **behind** me.

う
あいうえお
かきくけこ
さしすせそ
たちつてと
なにぬねの
はひふへほ
まみむめも
やゆよ
らりるれろ
わをん

うすい

(物(もの)の厚(あつ)さ) **thin** [スィン]; (色(いろ)などが) **light** [ライト]

うそ

lie [ライ]

ジャイアンはうそをついた。

Gian told a **lie**.

うた (歌(うた))

song [ソーング]

みんなで歌(うた)を歌(うた)おう。

Let's sing a **song**.

うたう (歌(うた)う)

sing [スィング]

カラオケで歌(うた)おう。

Let's **sing** karaoke.

うち

home [ホウム]

うちでゲームしない？ — それはいい考(かんが)えだね。

How about playing games at **home**? — That's a good idea.

うちゅう (宇宙(うちゅう))

the universe [ザ ユーナヴァース];
space [スペイス]

宇宙(うちゅう)ステーション **space station**

うつ（打つ）

hit ［ヒット］; **strike** ［ストゥライク］; **beat** ［ビート］

うつくしい（美しい）

beautiful ［ビュータフル］; **pretty** ［プリティ］

とても美しい着物ね。

Your kimono is very **beautiful**.

うでどけい（うで時計）

watch ［ワッチ］; **wrist watch** ［リスト ワッチ］

うまい

well ［ウェル］

サッカーがうまいね。

You play soccer **well**.

うまれる（生まれる）

be born ［ビィ ボーン］

わたしはニューヨークで生まれました。

I **was born** in New York.

was は be の過去形です。

うみ（海）

the sea ［ザ スィー］

海に泳ぎに行きたい。

We want to go swimming in **the sea**.

うる（売る）

sell [セル]

うるさい

noisy [ノイズィ]

車の音がうるさい。

The cars are **noisy**.

うれしい

glad [グラッド]; **happy** [ハピィ]

会えてうれしいです。

I'm **glad** to see you.

「はじめまして」の意味で使います。

うんち

poo [プー]

うんてん（運転）・うんてんする（運転する）

drive [ドゥライヴ]

うんどう（運動）・うんどうする（運動する）

exercise [エクサァサイズ]

毎日運動しています。

I **exercise** every day.

運動会 sports festival

運動会が楽しみだ！

I can't wait for the **sports festival**!

え

え（絵(え)）

picture [ピクチャァ]

ドラえもんの絵(え)をかいて。

Draw a **picture** of Doraemon.

エアコン

air conditioner [エァ カンディショナァ]

えいが（映画(えいが)）

movie [ムーヴィ]

昨日(きのう)、ドラえもんの映画(えいが)を見(み)たよ。

I saw a Doraemon **movie** yesterday.

映画館(えいがかん) movie theater

えがお（笑顔(えがお)）

smile [スマイル]

えき（駅(えき)）

station [ステイション]

エスカレーター

escalator [エスカレイタァ]

えほん (絵本)

picture book [ピクチャァ ブック]

えらぶ (選ぶ)

choose [チューズ]

食べたい料理を選んでください。

Choose the dishes you want to eat.

エレベーター

elevator [エリヴェイタァ]

エレベーターで行こう。

Let's take the **elevator**.

えん (円)

(お金の) **yen** [イェン]

これらは1個100円です。

These are one hundred **yen** each.

形の「円」は49ページを見ましょう。

えんそく (遠足)

excursion [イクスカージョン];
school trip [スクール トゥリップ];
outing [アウティング]

学校の遠足は楽しかったよ。

The **school trip** was fun.

お

おいしい

delicious [ディリシャス]; **good** [グッド];
yummy [ヤミィ]

これ、おいしいね。
This is **delicious**.

おおい (多い)

(数が) **many** [メニィ]; (量が) **much** [マッチ];
(数・量が) **a lot of** [ア ラット アヴ]

宿題が多すぎるよ。
I have too **much** homework.

「たくさん」(316ページ)も見ましょう。

おおきい (大きい)

big [ビッグ]; **large** [ラーヂ];
(声が) **loud** [ラウド]

あの象は本当に大きいね。
That elephant is really **big**.

おかあさん (お母さん)

mother [マザァ]; **mom** [マム]; **mommy** [マミィ]

子どもはふつう、mom、mommyを使います。

おきる（起きる）

get up [ゲット アップ];
（目を覚ます） **wake up** [ウェイク アップ]

毎朝6時45分に起きます。

アイ ゲット アップ アット スィックスフォーティファイヴ エヴリィ モーニング
I **get up** at 6:45 every morning.

おく（置く）

put [プット]

その箱はここに置いて。

プット ザ バックス ヒア
Put the box here.

おくる（送る）

send [センド]

おじいちゃんがいちごを送ってくれた。

マイ グランドゥパー セント アス サム ストゥローベリィズ
My grandpa **sent** us some strawberries.

sentはsendの過去形です。

おくれる

be late [ビィ レイト]

「ちこくする」（320ページ）も見ましょう。

おこる

be angry [ビィ アングリィ]

ジャイアンがおこっている。

ヂャイアン イズ アングリィ
Gian **is angry**.

isはbeの現在形です。

おじ・おじさん

uncle [アンクル]

おじいさん

grandfather [グランドゥファーザァ]; **grandpa** [グランドゥパー]

おしえる (教える)

(勉強を) **teach** [ティーチ]; (伝える) **tell** [テル];
(地図や実演などで) **show** [ショウ]

ドラえもんはぼくに社会を教えてくれる。
Doraemon **teaches** me social studies.

あなたの住所を教えてくれる？
Can you **tell** me your address?

おじぎ・おじぎする

bow [バゥ]

おしっこ

pee [ピー]

おしゃべり・おしゃべりする

chat [チャット]; (おしゃべりな) **talkative** [トーカティヴ]

おしゃれな

fashionable [ファッショナブル];
stylish [スタイリッシュ]

おしゃれなスカートね。
Your skirt is so **fashionable**.

おす

push [プッシュ]; **press** [プレス]

このボタンをおしてください。

Please **press** this button.

おそい

(時間が) **late** [レイト];
(速度が) **slow** [スロウ]

もうおそいね、うちに帰ろう。

It's **late** now. Let's go home.

ぼくは食べるのがおそい。

I am a **slow** eater.

「ゆっくり」(370ページ)も見ましょう。

おちる (落ちる)

fall [フォール]

おと (音)

sound [サウンド]

おとうさん (お父さん)

father [ファーザァ]; **dad** [ダッド]; **daddy** [ダディ]

子どもはふつう、dad、daddy を使います。

おとうと (弟)

brother [ブラザァ]; **younger brother** [ヤンガァ ブラザァ];
little brother [リトゥル ブラザァ]

英和辞典のbrother(72ページ)も見ましょう。

お あいうえお かきくけこ さしすせそ たちつてと なにぬねの はひふへほ まみむめも やゆよ らりるれろ わをん

おとこ（男）

man [マン]; （男の子）**boy** [ボーイ]

おとす（落とす）

drop [ドゥラップ]

スプーンを落としちゃった。

I **dropped** my spoon.

✎ dropped は drop の過去形です。

おとな（大人）

adult [アダルト]; **grown-up** [グロウンアップ]

（チケット売り場で）大人２枚、子ども１枚お願いします。

Two **adults** and one child, please.

おとなしい

quiet [クワイアット]

となりの犬はおとなしい。

The dog next door is **quiet**.

おどる

dance [ダンス]

おどろく

be surprised [ビィ サァプライズド]

大きな犬を見ておどろいた。

I **was surprised** to see a big dog.

✎ was は be の過去形です。

おなじ（同じ）

the same ［ザ セイム］

同じぼうしが欲しいな。

I want **the same** hat.

おなら

fart ［ファート］; **gas** ［ギャス］

"Oops!" については54ページを見ましょう。

おにごっこ

tag ［ターグ］

校庭でおにごっこをしようよ。

Let's play **tag** in the playground.

おば・おばさん

aunt ［アント］

おばあさん

grandmother ［グランドゥマザァ］; **grandma** ［グランドゥマー］

おばけ

ghost ［ゴウスト］

おばけやしき **haunted house**

おはよう

Good morning. ［グッド モーニング］

のび太、おはよう。

Good morning, Nobita.

おぼえている (覚えている)

remember [リメンバァ]

ぼくを覚えている？— もちろん。

Do you **remember** me? — Of course.

おぼえる (覚える)

learn [ラーン]

どこでアルファベットを覚えたの？— 学校だよ。

Where did you **learn** the alphabet? — At school.

おまもり (お守り)

charm [チャーム]

おめでとう

Congratulations! [カングラチュレイションズ]

優勝おめでとう！

Congratulations on winning!

誕生日おめでとう！

Happy birthday!

新年おめでとう！

Happy New Year!

おもい (重い)

heavy [ヘヴィ]

このかばん、すごく重いよ。

This bag is very **heavy**.

おもいで（思い出）

memory ［メマリィ］

おもう（思う）

think ［スィンク］

明日は晴れるかな？ — そう思うよ。

Will it be sunny tomorrow? — Yes, I **think** so.

おもしろい

interesting ［インタラスティング］; （こっけいな） **funny** ［ファニィ］

この歴史の本はおもしろい。

This history book is **interesting**.

ドラえもんのじょうだんはおもしろいね。

Doraemon's jokes are **funny**.

おもちゃ

toy ［トィ］

おや（親）

parent ［ペァラント］

「両親」は parents ［ペァランツ］といいます。

おやすみなさい

Good night. ［グッド ナイト］

およぐ（泳ぐ）

swim ［スウィム］

魚と泳げる？ — 泳げるよ。

Can you **swim** with fish?

— Yes, I can.

おりがみ（折り紙）

origami paper ［オリガーミ ペイパァ］;
folding paper ［フォウルディング ペイパァ］

おりる（下りる・降りる）

（高い所から） **come down** ［カム ダウン］;
（乗り物から） **get off** ［ゲット オーフ］

下りられないよ。

I can't **come down**.

次の駅で降りよう。

Let's **get off** at the next station.

オリンピック

the Olympics ［ズィ オリンピックス］;
the Olympic Games
［ズィ オリンピック ゲイムズ］

おる（折る）

（枝や骨を） **break** ［ブレイク］; （紙を） **fold** ［フォウルド］

紙を半分に折ってね。

Fold the paper in half.

おわかれかい（お別れ会）

farewell party ［フェアウェル パーティ］

おわらいばんぐみ（お笑い番組）

comedy show ［カマディ ショウ］

おわり（終わり）

the end ［ズィ エンド］

おわる（終わる）

finish ［フィニッシュ］

学校は何時に終わりますか？— 3時です。

What time does your school **finish**? — At three o'clock.

おんがく（音楽）

music ［ミューズィック］

音楽は好きですか？— はい、好きです。

Do you like **music**? — Yes, I do.

音楽祭 music festival

おんせん（温泉）

hot spring ［ハット スプリング］

わたし、温泉大好き！

I love **hot springs**!

おんな（女）

woman ［ウマン］; （女の子） **girl** ［ガール］

カーテン

curtain [カートゥン]

カード

card [カード];
(キャラクターなどの) **trading card** [トゥレイディング カード]

たくさんカードを持っているよ。交換しようよ。
I have many **trading cards**. Let's trade some.

trade は「交換する」という意味です。

カーネーション

carnation [カーネイション]

がいこく (外国)

foreign country [フォーラン カントゥリィ]

外国に行きたいな。— ぼくも。
I want to visit **foreign countries**. — Me too.

- 外国語 **foreign language**
- 外国人 **foreigner**

かいしゃ (会社)

company [カンパニィ]

- 会社員 **office worker**

かいじゅう

monster [マンスタァ]

かいだん (階段)

(家の中の) **stairs** [ステァズ]; (家の外の) **steps** [ステップス]

かいちゅうでんとう (かい中電灯)

flashlight [フラッシュライト]

かいもの (買い物)

shopping [シャッピング]; (買い物をする) **shop** [シャップ]

買い物はどこに行くの?

Where do you go **shopping**?

かう (買う)

buy [バィ]

かう (飼う)

have [ハヴ]

犬を飼っています。

I **have** a dog.

かえす (返す)

give back [ギヴ バック]; **return** [リターン]

あいうえお
か かきくけこ
さしすせそ
たちつてと
なにぬねの
はひふへほ
まみむめも
やゆよ
らりるれろ
わをん

あいうえお
か かきくけこ
さしすせそ
たちつてと
なにぬねの
はひふへほ
まみむめも
やゆよ
らりるれろ
わをん

かえる（帰る）

go back [ゴウ バック]; **come back** [カム バック]

もう家に帰らないと。

イッツ タイム トゥ ゴウ バック ホウム
It's time to **go back** home.

すぐに帰ってきてね。

カム バック スーン
Come back soon.

かえる（変える）

change [チェインヂ]

ヘアスタイルを変えたい。

アイ ワント トゥ チェインヂ マイ ヘアスタイル
I want to **change** my hairstyle.

かがみ（鏡）

mirror [ミラァ]

鏡を見ました。

アイ ルックト イン ザ ミラァ
I looked in the **mirror**.

かぎ

key [キー]

かく（書く・描く）

（字を）**write** [ライト]; （線で絵を）**draw** [ドゥロー]; （絵の具で）**paint** [ペイント]

名前をここに書いて。

プリーズ ライト ユア ネイム ヒア
Please **write** your name here.

かくす（隠す）

hide [ハイド]

かくれんぼう

hide-and-seek [ハイダンスィーク]

いとことかくれんぼうをして遊んだ。

I played **hide-and-seek** with my cousin.

かける

（服などを）**hang** [ハング]；（めがねを）**put on** [プット アン]；（電話を）**call** [コール]

ジャケットを（ハンガーに）かけてね。

Hang up your jacket.

かさ

umbrella [アンブレラ]

雨が降っているよ。このかさを持っていって。

It's raining. Take this **umbrella**.

かじ（火事）

fire [ファイア]

火事だ！

Fire!

かす（貸す）

lend ［レンド］

その本を貸してもらえる？ — いいよ。どうぞ。

Could you **lend** me that book? — Sure. Here you are.

かず（数）

number ［ナンバァ］

かぜ（風）

wind ［ウィンド］

かぜ

（病気の） **cold** ［コウルド］

かぜをひいちゃった。

I have a **cold**.

かぞく（家族）

family ［ファマリィ］

かたい

hard ［ハード］

床はかたいね。

The floor is **hard**.

かたづける（片付ける）

clean up [クリーン アップ]; **clear** [クリァ]; **put away** [プット アウェィ]

部屋を片付けて。
Clean up your room.

おもちゃを片付けて。
Put away your toys.

かつ（勝つ）

win [ウィン]

ぼくたちのチームが勝つよ。
Our team will win.

がっかりする

be disappointed [ビィ ディサポインティド]

その話を聞いてがっかりした。
I was disappointed to hear the story.

wasはbeの過去形です。

がっきゅうかい（学級会）

class meeting [クラス ミーティング]

かっこいい

cool [クール]

あの赤い車はかっこいい。
That red car is cool.

あいうえお
か かきくけこ
さしすせそ
たちつてと
なにぬねの
はひふへほ
まみむめも
やゆよ
らりるれろ
わをん

がっしゅく (合宿)

school camp [スクール キャンプ]

かなしい (悲しい)

sad [サード]

悲しいお話を読んだんだ。

I read a **sad** story.

かね (金)

money [マニィ]

かね

bell [ベル]

かばん

bag [バッグ]

かぶる

put on [プット アン];
(かぶっている) **wear** [ウェア]

ドラえもんは今日ぼうしをかぶっている。

Doraemon is **wearing** a hat today.

がまんする

be patient [ビィ ペイシャント]; **stand** [スタンド]

がまんしなさい。

Be patient.

うるさい音(おと)にがまんできないよ。

I can't stand the noise.

かみ (神(かみ))

God [ガッド]

かみ (髪(かみ))

hair [ヘァ]

しずかちゃんの髪(かみ)は長(なが)いね。

Shizuka has long hair.

かみ (紙(かみ))

paper [ペイパァ]

紙飛行機(かみひこうき) **paper airplane**

かむ

（かじる） **bite** [バイト]; （ガムや肉(にく)などをくり返(かえ)し） **chew** [チュー]

つめをかまないで。

Don't bite your fingernails.

授業中(じゅぎょうちゅう)ガムをかんじゃだめだよ。

Don't chew gum in class.

カメラ

camera [キャマラ]

かゆい

itchy [イッチィ]

背中がかゆいよ。
My back is **itchy**.

からい

hot [ハット]; **spicy** [スパイスィ]

カラオケ

karaoke [カーラオウキィ]

昨日カラオケに行ったよ。
I went to **karaoke** yesterday.

かりる (借りる)

borrow [バロゥ]; (お金を出して) **rent** [レント];
(使わせてもらう) **use** [ユーズ]

あなたのゲームを借りてもいい？— いいよ。どうぞ。
Can I **borrow** your game? — Sure. Go ahead.

ママがこのDVDを借りてくれた。
My mom **rented** this DVD for me.

消しゴム、借りてもいい？
Can I **use** your eraser?

かるい (軽(かる)い)

light [ライト]

かわ (川(かわ))

river [リヴァ]

かわいい

pretty [プリティ]; **cute** [キュート]; **lovely** [ラヴリィ]

しずかちゃんのバッグ、かわいい。

シズカズ バッグ イズ プリティ
Shizuka's bag is pretty.

かわいそう

poor [プァ]; **sorry** [サリィ]

あの犬(いぬ)、かわいそうにぬれちゃったのね。

ザット プァ ドーグ ガット ウェット
That poor dog got wet.

あの犬(いぬ)がかわいそう。

アイ フィール サリィ フォァ ザット ドーグ
I feel sorry for that dog.

かわく

(のどが) **thirsty** [サースティ];
(洗(せん)たくものが) **dry** [ドゥライ]

のどかわいた? — うん、かわいた。

アー ユー サースティ イェス アイ アム
Are you thirsty? — Yes, I am.

空気(くうき)がかわいている。

ズィ エア イズ ドゥライ
The air is dry.

あいうえお
かきくけこ か
さしすせそ
たちつてと
なにぬねの
はひふへほ
まみむめも
やゆよ
らりるれろ
わをん

かんがえ (考え)

idea [アイディーア]

その考え、いいよね。

I like your **idea**.

かんがえる (考える)

think [スィンク]

よく考えてみてね。

Think about it for a while.

かんこう (観光)

sightseeing [サイトスィーイング]

- **観光客** tourist
- **観光旅行** sightseeing tour

かんじ (漢字)

Chinese character [チャイニーズ キャリクタァ]

かんたん (簡単)

easy [イーズィ]

この問題わかる？ — うん。そんなの簡単だよ。

Can you answer this question? — Yes. It's **easy**.

かんどうする (感動する)

be moved [ビィ ムーヴド]

その話に感動した。

I **was moved** by the story.

✎ wasはbeの過去形です。

がんばる

work hard [ワーク ハード];
(がんばれ) **hang in there** [ハング イン ゼア];
cheer up [チア アップ]

この宿題(しゅくだい)、すごくがんばったんだ。
I worked very hard on my homework.

(あきらめないで) がんばれ!
Hang in there!

(くよくよしないで) がんばって!
Cheer up!

き (木)

tree [トゥリー]

きえる (消える)

(明(あ)かり・火(ひ)などが) **go out** [ゴウ アウト];
(なくなる) **be gone** [ビィ ゴーン]

電気(でんき)が消(き)えたね。
The light went out.

雪(ゆき)がすっかり消(き)えてしまった。
The snow was all gone.

went は go の、was は be の過去形(かこけい)です。

きく（聞く）

（耳をかたむけて）**listen**［リスン］;
（たずねる）**ask**［アスク］

音楽を聞くのが好きです。
I like **listening** to music.

のび太はスネ夫にサッカーについて聞いた。
Nobita **asked** Suneo about soccer.

きこえる（聞こえる）

hear［ヒア］

わたしの声、聞こえる？— 聞こえるよ！
Can you **hear** me? — Yes!

きせつ（季節）

season［スィーズン］

きたない

dirty［ダーティ］

手がきたないよ。洗ってね。
Your hands are **dirty**. Wash them.

きつい

（きゅうくつな）**tight**［タイト］;（つらくて苦しい）**hard**［ハード］

このシャツはきつすぎる。
This shirt is too **tight**.

剣道の練習はきつかった。
Kendo practice was **hard**.

きって（切手）

stamp [スタンプ]

きっぷ

ticket [ティケット]

電車のきっぷを手に入れたよ。

I got the train **tickets**.

きねんび

anniversary [アニヴァーサリィ]

きのう（昨日）

yesterday [イェスタァデイ]

昨日は何をしたの？— 横浜に行ったよ。

What did you do **yesterday**? — I went to Yokohama.

きびしい（厳しい）

strict [ストゥリクト]

きもの（着物）

kimono [キモウノゥ]

きゃく（客）

（店の）**customer** [カスタマァ]；（家やホテルの）**guest** [ゲスト]

（乗り物の）**passenger** [パサンヂャァ]；（訪問客）**visitor** [ヴィズィタァ]

キャッチボールをする

play catch [プレイ キャッチ]

キャッチボールをしようよ。— いいよ。

Let's **play catch**. — Sure.

キャラクター

character [キャリクタァ]

キャンプ

camp [キャンプ]

キャンプでテントにとまった。

I slept in a tent at **camp**.

「キャンプに行く」はgo campingと言います。

きゅうしょく（給食）

school lunch [スクール ランチ]

今日の給食は何かな？— フライドチキンだよ。

What's for **school lunch** today? — Fried chicken.

きょう（今日）

today [トゥデイ]

今日は何曜日だっけ？— 金曜日だよ。

What day is it **today**? — It's Friday.

きょうだい

(男のきょうだい) **brother** [ブラザァ];
(女のきょうだい) **sister** [スィスタァ]

きょうりゅう

dinosaur [ダイナソァ]

きょうりゅうについて調べました。
I studied **dinosaurs**.

きょねん (去年)

last year [ラスト イァ]

きらい

don't like [ドウント ライク]

にんじんはきらいだ。
I **don't like** carrots.

きる (着る)

put on [プット アン]; (着ている) **wear** [ウェア]

コートを着なさい。外は寒いわ。
Put on your overcoat. It's cold outside.

かれはむらさき色の着物を着ています。
He is **wearing** a purple kimono.

きる (切る)

cut [カット]; (スイッチを) **turn off** [ターン オーフ];
(電話を) **hang up** [ハング アップ]

ケーキを8つに切って。
Cut the cake into eight pieces.

きれい

(美しい) **beautiful** [ビュータフル];
(清潔な) **clean** [クリーン]

このお花、とってもきれいね。
This flower is so beautiful.

きをつける (気をつける)

watch out [ワッチ アウト];
be careful [ビィ ケアフル];
(体に) **take care** [テイク ケア]

気をつけて！ 車が来てるよ。
Watch out! A car is coming.

きんちょうした

nervous [ナーヴァス]

クイズ

quiz [クウィズ]

クイズ番組 quiz show

くうき (空気)

air [エァ]

くさい

smell bad [スメル バッド]; **stink** [スティンク];
stinky [スティンキィ]

そのソックスはくさいよ。

Those socks are **stinky**.

くしゃみをする

sneeze [スニーズ]

くしゃみするときは口を手でおおってね。

Cover your mouth when you **sneeze**.

英語を話す人々の間では、くしゃみをした人にBless you. と声をかけます。日本語でいう「ハクション」は、英語ではAchoo.といいます。

くすり (薬)

medicine [メダスィン]

くに (国)

country [カントゥリィ]

くばる (配る)

pass out [パス アウト];
hand out [ハンド アウト]

テストを配ってください。— はい。

Please **pass out** the tests. — Sure.

くみ (組(くみ))

(学級(がっきゅう)) class [クラス]

わたしは3組(くみ)です。

I'm(アイム) in(イン) **Class**(クラス) 3(スリー).

くも (雲(くも))

cloud [クラウド]

あの雲(くも)、象(ぞう)みたいだね。

That(ザット) **cloud**(クラウド) looks(ルックス) like(ライク) an(アン) elephant(エラファント).

くもり

cloudy [クラウディ]

今日(きょう)はくもりだ。

It's(イッツ) **cloudy**(クラウディ) today(トゥデイ).

くらい (暗(くら)い)

dark [ダーク]

外(そと)が暗(くら)くなってきた。

It's(イッツ) getting(ゲッティング) **dark**(ダーク).

クラブ

club [クラブ]; **after-school club** [アフタァ スクール クラブ]

クリスマス

Christmas [クリスマス]

クリスマスイブ Christmas Eve

クリスマスツリー Christmas tree

くる (来る)

come [カム]

誕生日会には来るの？— もちろん！

Are you coming to my birthday party? — Of course!

グローブ

glove [グラヴ]

け

けいかく (計画)

plan [プラン]

夏休みの計画を立てよう！

Let's make plans for summer vacation!

けいこ

practice [プラクティス];

(習いごと) **after-school activity** [アフタァ スクール アクティヴィティ]

げいのうじん（芸能人）

（歌手、芸術活動などの） **artist** ［アーティスト］;
（歌手、お笑い芸人などの） **entertainer** ［エンタァテイナァ］

好きな芸能人はだれ？
Who's your favorite **entertainer**?

ゲーム

game ［ゲイム］

けがをする

get hurt ［ゲット ハート］

ジャイアンはうでをけがしたよ。
Gian **got hurt** on his arm.

gotはgetの過去形です。

げき（劇）

play ［プレィ］

劇でおひめさまの役をするの。
I'm going to be a princess in the **play**.

けす（消す）

（電気などを） **turn off** ［ターン オーフ］;
（火を） **put out** ［プット アウト］; （字などを） **erase** ［イレイス］

電気を消して。
Turn off the light.

バーベキューの後には必ず火を消して。
Be sure to **put out** the fire after the barbecue party.

けっこん（結婚）

marriage [マリッヂ]

結婚式 **wedding**

けっせきする（欠席する）

be absent [ビィ アブサント]

ジャイアンは今日、欠席です。

Gian **is absent** from school today.

is は be の現在形です。

けんか・けんかする

fight [ファイト];

（口げんか） **quarrel** [クウォーラル]

もうけんかするんじゃないよ、わかったかい？

No more **fighting**, OK?

げんき（元気）

fine [ファイン]; **well** [ウェル]

元気？— 元気だよ。

How are you doing? — I'm **fine**. Thank you.

こい

（色が） **dark** [ダーク]; （お茶・コーヒーが） **strong** [ストゥローングゥ]

こうえん（公園）

park ［パーク］

公園のどこで会おうか？

Where will we meet in the **park**?

こうちょうせんせい（校長先生）

principal ［プリンスィパル］

こえ（声）

voice ［ヴォイス］

こおり（氷）

ice ［アイス］

ゴール

goal ［ゴウル］

スネ夫がサッカーの試合でゴールを決めた。

Suneo scored a **goal** in the soccer game.

ゴールする（競走で） finish

ここ

here ［ヒァ］

ここに来て！

Come **here**!

ごご（午後）

afternoon ［アフタァヌーン］

午後には体育があるよ。

We have P.E. class in the **afternoon**.

ごぜん（午前）

morning ［モーニング］

午前は学校で勉強しているよ。

I study at school in the **morning**.

こたえ（答え）・こたえる（答える）

answer ［アンサァ］

こちら・こっち

here ［ヒァ］

こっちにおいで。

Come **here**.

こづかい

allowance ［アラゥアンス］

ことし（今年）

this year ［ズィス イァ］

ことば（言葉）

language ［ラングウィッヂ］

あいうえお
こ かきくけこ
さしすせそ
たちつてと
なにぬねの
はひふへほ
まみむめも
やゆよ
らりるれろ
わをん

こども（子供）

child [チャイルド]; （子供たち） **children** [チルドゥラン]

この

this [ズィス]

この鳥、飼いたいな。

I want **this** bird.

こまる（困る）

be worried [ビィ ワーリィド]; **be in trouble** [ビィ イン トゥラブル]

宿題で困っているんだ。

I'**m worried** about my homework.

'm（＝am）はbeの現在形です。

ごみ

（紙のごみ） **trash** [トゥラッシュ]; （生ごみ） **garbage** [ガービッヂ]

ごめんなさい

I'm sorry. [アイム サリィ]

ごめんなさい。— この次は気をつけるんだよ。

I'm sorry. — Be careful next time.

人にぶつかったときなどは、Excuse me.（失礼）といいます。「すみません」（308ページ）も見ましょう。

これ

this [ズィス]

これ何？— キャンディーだよ。

What's **this**? — It's candy.

ころぶ

fall over [フォール オウヴァ];
fall down [フォール ダウン]

ころんじゃった。

I **fell over**.

fell は fall の過去形です。

こわい

(～がこわい) **be scared of** [ビィ スケァド アヴ]

ジェットコースターがこわいよ。

I **am scared of** roller coasters.

am は be の現在形です。

こわす

break [ブレイク]

ジャイアンがぼくのおもちゃをこわしちゃった。

Gian **broke** my toy.

broke は break の過去形です。

コンサート

concert [カンサート]

こんしゅう (今週)

this week [ズィス ウィーク]

「今月」は this month といいます。

コンテスト

contest [カンテスト]

こんど（今度）

（次の） **next** ［ネクスト］； （今回） **this time** ［ズィス タイム］

今度の月曜日に会おうね。

See you next Monday.

こんにちは

Hello. ［ヘロゥ］； **Hi.** ［ハイ］；
Good afternoon. ［グッド アフタァヌーン］

Hello.、Hi.はいつでも使えますが、
Good afternoon.は午後だけに使います。

こんばんは

Good evening. ［グッド イーヴニング］

コンビニ

convenience store
［カンヴィーニャンス ストァ］

コンビニでおにぎりを買ったよ。

I bought some rice balls at the convenience store.

boughtはbuyの過去形です。

コンピュータ

computer ［カンピュータァ］

こんや（今夜）

tonight ［トゥナイト］

さ

さいふ

(小ぜに入れ) **purse** [パース]; (お札入れ) **wallet** [ワリット]

サイン

(有名人などの) **autograph** [オータグラフ];
(手紙などの) **signature** [スィグナチャア]

さがす (探す)

look for [ルック フォア];
search for [サーチ フォア]

何を探しているの？

What are you looking for?

さくら (桜)

(木) **cherry tree** [チェリィ トウリー];
(花) **cherry blossoms**
[チェリィ ブラッサムズ]

わぁ、きれいな桜だな！

Wow! What beautiful cherry blossoms!

さびしい

lonely [ロウンリィ]

さむい (寒い)

cold [コウルド]

外はすごく寒いよ。

It's very **cold** outside.

さようなら

Goodbye. [グッドゥバィ]; **Bye.** [バィ]

し

じ (字)

letter [レタァ]

しあい (試合)

(テニスなどの) **match** [マッチ];
(野球・サッカーなどの) **game** [ゲイム]

テニスの試合で勝った。

I won the tennis **match**.

昨日、バスケットボールの試合をしたよ。

I had a basketball **game** yesterday.

テニス、ボクシング、すもうなど、向かい合ってするような試合やゴルフは match、団体の球技は game を使います。

しあわせな (幸せな)

happy [ハピィ]

しーっ

Be quiet. [ビィ クワイアット]

図書館の中ではしーっ(静かにして)。

Be quiet in the library.

Jポップ

Japanese pop music [ヂャパニーズ パップ ミューズィック]

Jポップを聞いているんだ。

I'm listening to **Japanese pop music**.

ジェットコースター

roller coaster [ロウラァ コウスタァ]

しかる

scold [スコウルド]

お母さんにしかられちゃった。

My mom **scolded** me.

じかん (時間)

time [タイム]; (1時間) **hour** [アウァ]

もう寝る時間だよ。

It's **time** to go to bed.

あいうえお かきくけこ さしすせそ し たちつてと なにぬねの はひふへほ まみむめも やゆよ らりるれろ わをん

しけん（試験）

exam ［イグザム］； **examination** ［イグザミネイション］

試験のために勉強をしなくちゃ。

I have to study for the exam.

examはexaminationを短くした形です。小さなテストはquizともいいます。「テスト」（324ページ）も見ましょう。

しごと（仕事）

job ［ヂャブ］； **work** ［ワーク］

じしん（地震）

earthquake ［アースクウェイク］

昨日大きな地震があったね。

There was a big earthquake yesterday.

しずかな（静かな）

quiet ［クワイアット］

した（下）

under ［アンダァ］；

（下の方向に） **down** ［ダウン］

テーブルの下に白い犬がいるよ。

A white dog is under the table.

このエレベーターは下に行きます。

This elevator is going down.

～したい

want to ～ [ワントトゥ]

眠りたいよ。

アイ ワント トゥ ゴウ トゥ スリープ
I **want to** go to sleep.

しっぽ

tail [テイル]

ドラえもんには、しっぽがあるよ。

ドラエモン ハズ ア テイル
Doraemon has a **tail**.

しつもん (質問)

question [クウェスチョン]

質問(しつもん)があります。

アイ ハヴ ア クウェスチョン
I have a **question**.

じてん (辞典)

dictionary [ディクショネリィ]

じどうはんばいき (自動販売機)

vending machine [ヴェンディング マシーン]

しぬ（死ぬ）

die [ダイ]

しまる（閉まる）

be closed [ビィ クロウズド]

お店が閉まっているね。

The shop **is closed**.

is は be の現在形です。

しめる（閉める）

shut [シャット]; **close** [クロウズ]

ドアを閉めて。

Shut the door, please.

しゃしん（写真）

picture [ピクチャァ]

きみの写真をとってあげるよ。

I'll take a **picture** for you.

シャボンだま（シャボン玉）

soap bubble [ソウプ バブル]

じゃんけん

rock, paper, scissors [ラック ペイパァ スィザァズ]

じゃんけんぽん！

Rock, paper, scissors. One, two, three!

rock は「岩」、paper は「紙」、scissors は「はさみ」の意味です。

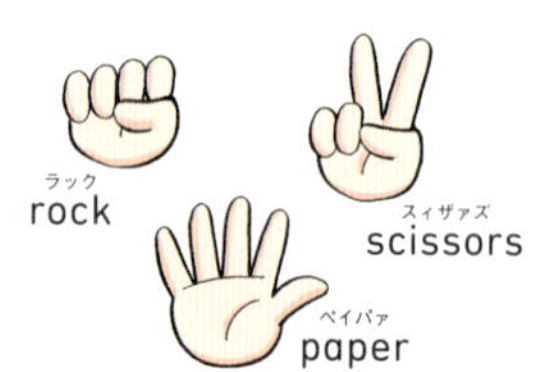

じゅうしょ（住所）

address ［アドゥレス］

じゅぎょう（授業）

class ［クラス］

授業はいつ始まるの？— 8時30分だよ。

When does the class start? — At 8:30.

じゅく

cram school ［クラム スクール］

学校が終わったらじゅくに行くんだ。

I go to a cram school after school.

しゅくだい（宿題）

homework ［ホウムワーク］

宿題が終わってないんだ。

I haven't finished my homework.

しゅっせきする（出席する）

attend ［アテンド］

じゅんび（準備）

preparation ［プレパレイション］

準備する prepare for

パーティーの準備は楽しい。

It's fun to prepare for parties.

しょうかいする

introduce [イントゥラドゥース]

わたしの住んでいる市についてしょうかいします。

Let me **introduce** my city.

しょうがくせい (小学生)

elementary school student [エラメンタリィ スクール ストゥードゥント];
schoolchild [スクールチャイルド]

しょうがっこう (小学校)

elementary school [エラメンタリィ スクール]

しょうぎ (将棋)

Japanese chess [ヂャパニーズ チェス];
shogi [ショウギ]

じょうず (上手)

(〜が上手) **be good at** [ビィ グッド アット];
(上手に) **well** [ウェル]

しずかちゃんはピアノが上手だ。

Shizuka **is good at** playing the piano.

お兄ちゃんはすごく上手にスケートをすべる。

My brother skates very **well**.

isはbeの現在形です。

しょうらい（将来）

the future [ザ フューチャア]

将来イタリアに行ってみたいな。

I want to go to Italy in **the future**.

しる（知る）

know [ノウ]

ケンの犬の名前を知っている？— はい。サクラよ。

Do you **know** the name of Ken's dog?

— Yes. It's Sakura.

じんじゃ（神社）

shrine [シュライン]

元日には神社に初もうでに行きます。

We visit a **shrine**

on New Year's Day.

しんせつ（親切）

kind [カインド]

人に親切にしよう。

Let's be **kind** to others.

しんちょう（身長）

（～の身長がある） **tall** [トール]

身長はどれくらい？— わたしは身長 140 センチ。

How **tall** are you? — I'm 140 centimeters.

しんぱいする（心配する）

worry [ワーリィ]

心配しないで。ぼくはだいじょうぶ。

Don't **worry**. I'm OK.

しんぶん（新聞）

newspaper [ニューズペイパァ]

ポストから新聞をとってくるよ。

I'll get the **newspaper** from the mailbox.

す

すいぞくかん（水族館）

aquarium [アクウェァリアム]

すいとう（水とう）

water bottle [ウォータァ バトゥル]

すうじ（数字）

number [ナンバァ]

スーパー・スーパーマーケット

supermarket [スーパァマーキット]

新しいスーパーが今日オープンした。

A new **supermarket** opened today.

すき (好(す)き)

like [ライク]; (大好(だいす)き) **love** [ラヴ]

ラーメンが好(す)きだ。

I like ramen.

すぐ

soon [スーン]

すぐ帰(かえ)ってくるのよ！

Come home soon!

すごい

great [グレイト];
wonderful [ワンダァフル]

すごい！ 80点(てん)とったのね。

Wow, that's great!
You got eighty percent.

すこし (少(すこ)し)

(量(りょう)や程度(ていど)が) **a little** [ア リトゥル]; (数(かず)が) **a few** [ア フュー]

少(すこ)しつかれたな。

I'm a little tired.

すずしい

cool [クール]

すてき

very nice [ヴェリィ ナイス]; **wonderful** [ワンダァフル]; **lovely** [ラヴリィ]

この歌はすてきだ。

This song is very nice.

すてる（捨てる）

throw away [スロゥ アウェィ]

道にかんを捨てないでね。

Don't throw away cans in the street.

すばらしい

wonderful [ワンダァフル]

ピラミッドはすばらしい。

The Pyramids are wonderful.

スマホ

smartphone [スマートフォウン]

すみません

Excuse me. [エクスキューズ ミー]

（ぶつかったときなどに）すみません。— いいえ、だいじょうぶです。

Excuse me. — That's OK. No problem.

すみません。今、何時ですか？— 5時半です。

Excuse me. What time is it now? — It's 5:30.

人に話しかけるときやお願いするときには Excuse me. を、あやまるときには Sorry. を使います。「ごめんなさい」（294 ページ）も見ましょう。

すむ（住む）

live [リヴ]

わたしは大阪に住んでいます。

I **live** in Osaka.

する

do [ドゥ]; （ゲーム・スポーツなどを） **play** [プレィ]

今日は何をするの？— 部屋のそうじをしようと思うんだ。

What are you going to **do** today?
— I'm going to clean my room.

すわる

sit [スィット]; **sit down** [スィット ダウン]

ここにすわってもいい？

May I **sit** here?

せ

せ（背）

height [ハイト]; （背が高い） **tall** [トール];
（背が低い） **short** [ショート]

君は背がすごく高いね。

You are very **tall**.

「身長」（305ページ）も見ましょう。
体の部分のいい方は24～25ページを見ましょう。

せいと（生徒）

student ［ストゥードゥント］

生徒会 **student council**

せかい（世界）

the world ［ザ ワールド］

せき（席）

seat ［スィート］

席に着いてください。

Take a seat, please.

せき

cough ［コーフ］

ひどいせきが出るの。

I have a bad cough.

せっけん

soap ［ソウプ］

せまい

（はばが）**narrow** ［ナロウ］；（面積が）**small** ［スモール］

この道はせまい。

This street is narrow.

ぼくの部屋はせまい。

My bedroom is small.

せん（線）

line ［ライン］

線を引く draw a line

せんせい（先生）

teacher ［ティーチャァ］

せんそう（戦争）

war ［ウォー］

せんたく（洗たく）

washing ［ワッシング］; **laundry** ［ローンドゥリィ］

洗たく機 washing machine

洗たくする do the laundry; wash

今日はぼくが洗たくしよう。

I'll do the laundry today.

センチ

centimeter ［センタミータァ］

ぜんぶ（全部）

all ［オール］; **the whole** ［ザ ホウル］

弟がキャンディーを全部食べちゃった。

My brother ate up all the candy.

せんぷうき（せん風機）

fan ［ファン］

そ

そうじ

cleaning [クリーニング]

そうじ機 **vacuum cleaner; cleaner**

そうじする **clean**

わたしは週に3回自分の部屋をそうじする。

I clean my room three times a week.

そちら・そっち

there [ゼァ]

そっちに行くね。

I'll be there.

そつぎょうしき (卒業式)

graduation [グラヂュエイション]; **graduation ceremony** [グラヂュエイション セラモウニィ]

卒業式はいつなの？— 3月25日です。

When is your graduation? — It's on March 25.

ソフト

(コンピュータゲームの) **software** [ソーフトウェア]

新しいソフトは使いやすい。

The new software is easy to use.

そら（空）

the sky [ザ スカィ]

そろばん

abacus [アバカス]

今日はそろばん教室に行く日だ。

I go to abacus school today.

そんけいする（尊敬する）

respect [リスペクト]

おじいちゃんとおばあちゃんを尊敬しています。

I respect my grandpa and grandma.

これ、知ってる？…⑩

日本語が英語として使われるもの

日本語がそのまま英語として使われることがあります。すし(sushi)や天ぷら(tempura)など、英語にないものはローマ字で表してそのまま使います。sumo(すもう)、karate(空手)、judo(柔道)などのスポーツ名も、そのまま英語で使われています。

最近ではkendama(けん玉)も海外に広がり、子どもだけでなく大人にも大人気です。

た

たいかい（大会（たいかい））

competition ［カンパティション］

だいがく（大学（だいがく））

university ［ユーナヴァースィティ］; **college** ［カリッヂ］;
（短期大学（たんきだいがく））**junior college** ［ヂューニァ カリッヂ］

たいこ

drum ［ドゥラム］

ジャイアンがお祭（まつ）りでたいこをたたくんだ。

ヂャイアン　ウィル　プレィ　ザ　ドゥラム　アット　ザ　フェスタヴァル
Gian will play the **drum** at the festival.

たいじゅう（体重（たいじゅう））

weight ［ウェイト］; （～の体重（たいじゅう）がある）**weigh** ［ウェィ］

体重（たいじゅう）はどのくらいあるの？— 30キロだよ。

ハウ　マッチ　ドゥ　ユー　ウェィ　アィ　ウェィ　サーティ　キラグラムズ
How much do you **weigh**? — I **weigh** 30 kilograms.

だいじょうぶ

OK ［オゥケィ］; **all right** ［オール ライト］

だいじょうぶ？
— うん、だいじょうぶだよ。ありがとう。

アー　ユー　オゥケィ
Are you **OK**?

イエス　アイム　オール　ライト　サンキュー
— Yes, I'm **all right**. Thank you.

あいうえお かきくけこ さしすせそ たちつてと た なにぬねの はひふへほ まみむめも やゆよ らりるれろ わをん

だいすき（大好き）

love ［ラヴ］

ドラえもんはどらやきが大好きだ。

Doraemon loves dorayaki.

たいせつな（大切な）

important ［インポータント］

たいそう（体操）・たいそうする（体操する）

exercise ［エクサァサイズ］

体操するのは体によい。

Exercising is good for your health.

競技の体操はgymnasticsといいます。
教科の「体育」は13ページを見ましょう。

だいどころ（台所）

kitchen ［キッチン］

台所からフォークを持ってくるね。

I'll get some forks from the kitchen.

たいふう（台風）

typhoon ［タイフーン］

台風が来ているよ。

The typhoon is coming.

たいよう（太陽）

the sun ［ザ サン］

あいうえお かきくけこ さしすせそ た たちつてと なにぬねの はひふへほ まみむめも やゆよ らりるれろ わをん

タオル

towel [タウァル]

たかい（高い）

high [ハィ]; （背が） **tall** [トール];
（値段が） **expensive** [エクスペンスィヴ]

高い山に登りたい。
I want to climb a **high** mountain.

このかばん、すごく高いね。
This bag is really **expensive**.

たくさん

（数が） **many** [メニィ]; （量が） **much** [マッチ];
（数・量が） **a lot of** [ア ラット アヴ]

動物園にはたくさんの動物がいる。
There are **many** animals in the zoo.

一度にたくさん食べ過ぎないでね。
Don't eat too **much** food at once.

「多い」（260ページ）も見ましょう。

たこ

kite [カイト]

だす（出す）

take out [テイク アウト]; （手紙を）**mail** [メイル]

教科書を出して。
Take out your textbook.

手紙を出してくるね。
I'll mail the letters.

たすける（助ける）

help [ヘルプ]

助けてー！
Help me!

たたく

（手などを）**clap** [クラップ]; **hit** [ヒット]; （やさしく）**tap** [タップ]

手をたたいて！
Clap your hands!

スネ夫がのび太の肩をたたいた。
Suneo tapped Nobita on the shoulder.

ただしい（正しい）

right [ライト]; （正確な）**correct** [カレクト]

この答えは正しい。
This answer is correct.

たつ（立つ）

（立っている）**stand** [スタンド];
（立ち上がる）**stand up** [スタンド アップ]

立ってください。
Stand up, please.

たのしい (楽しい)

fun [ファン]; **happy** [ハピィ]

スキーは楽しいね。

Skiing is fun.

たのむ

ask [アスク]; (注文する) **order** [オーダァ]

何をたのんだの？ — いちごアイスよ。

What did you order? — Strawberry ice cream.

タブレット

tablet computer [タブリット カンピュータァ]

たべる (食べる)

eat [イート]

誕生日にはおすしを食べるよ。

I eat sushi on my birthday.

だめ

no [ノゥ]

さあ、出かけよう。— だめ、すぐにはむり。

Let's go out now. — No! I can't right now.

だれ

who [フー]

わたしのバナナ食べたの、だれ？

Who ate my banana?

たんじょうび（誕生日）

birthday [バースデイ]

ドラえもんの誕生日はいつ？― 9月3日だよ。

When is Doraemon's **birthday**?

— It's September 3.

ちいさい（小さい）

（形が）**small** [スモール]；（小さくてかわいい）**little** [リトゥル]

小さいほうをあげるね。

I'll give you the **small** one.

あの小さくてかわいい赤ちゃんを見て！

Look at that **little** baby!

ちかい（近い）

near [ニァ]；**close to** [クロウス トゥ]

わたしの家は駅から近い。

My house is **near** the station.

ちがう

different [ディファラント]；（まちがった）**wrong** [ローング]

ケンとわたしはちがうクラス（組）です。

Ken and I are in **different** classes.

ちがうバスに乗ってしまった。

I got on the **wrong** bus.

ちきゅう (地球)

the earth [ズィ アース]

地球ぎ the globe

ちこくする

be late [ビィ レイト]

学校にちこくしてしまった。

I **was late** for school.

was は be の過去形です。

ちち (父)

father [ファーザァ]; **dad** [ダッド]

dad はくだけたいい方です。「お父さん」(263ページ)も見ましょう。

ちゅうがっこう (中学校)

junior high school [ヂューニァ ハイ スクール]

ちゅうしょく (昼食)

lunch [ランチ]

ちょうしょく (朝食)

breakfast [ブレックファスト]

ちょうど

just [ヂャスト]

このペンはちょうど200円だよ。

This pen is **just** 200 yen.

ちょうないかい（町内会）

community ［カミューナティ］

町内会の運動会 community sports festival

町内会の祭り community festival

ちらかす（散らかす）

mess up ［メス アップ］

部屋を散らかさないで。

Don't mess up the room.

つ

つかう（使う）

use ［ユーズ］; （お金を） **spend** ［スペンド］

このタオルを使ってもいい？ — どうぞ。

May I use this towel? — Sure.

つかれる

get tired ［ゲット タイァド］;

（つかれている） **be tired** ［ビィ タイァド］

たくさん歩いたな。つかれちゃったよ。

It was a long walk. I got tired.

got は get の過去形です。

つき（月）

the moon ［ザ ムーン］; （こよみの） **month** ［マンス］

あいうえお
かきくけこ
さしすせそ
たちつてと つ
なにぬねの
はひふへほ
まみむめも
やゆよ
らりるれろ
わをん

つく (着く)

arrive at [アライヴ アット]; **get to** [ゲット トゥ]

この電車は何時に福岡に着くの？

(ホ)ワット タイム ダズ ズィス トゥレイン アライヴ アット フクオカ ステイション
What time does this train **arrive at** Fukuoka Station?

わたしはいつも8時に駅に着く。

アイ オールウェイズ ゲット トゥ ザ ステイション アット エイト
I always **get to** the station at eight.

つくえ

desk [デスク]

つくる (作る)

make [メイク]; (建物などを) **build** [ビルド]

この工場ではロボットを作っています。

ズィス ファクタリィ メイクス ロウバッツ
This factory **makes** robots.

大きな橋を作っています。

ゼイ アー ビルディング ア ビッグ ブリッヂ
They are **building** a big bridge.

つつむ (包む)

wrap [ラップ]

つまらない

(人がたいくつして) **bored** [ボード];
(物が) **boring** [ボーリング]

つまらないなあ。

アイム ボード
I'm **bored**.

つめたい（冷たい）

cold [コウルド]

プールの水は冷たいね。

The swimming pool is **cold**.

つよい（強い）

strong [ストゥローング]

うわぁっ！ 強い風！

Oh, no! What a **strong** wind!

つり

fishing [フィッシング]; （つりをする） **fish** [フィッシュ]

つりに行こう。

Let's go **fishing**.

て

DVD（ディー・ヴィ・ディー）

DVD [ディーヴィーディー]; **DVD player** [ディーヴィーディー プレイァ]

ティッシュ・ティッシュペーパー

tissue [ティシュー]

ティッシュを１枚くれる？

May I have a **tissue**?

テーブル

table [テイブル]

テーマパーク

theme park [スィーム パーク]; **amusement park** [アミューズマント パーク]

でかける (出かける)

go out [ゴゥ アウト]

家族で出かけるのが好きです。

I like to **go out** with my family.

てがみ (手紙)

letter [レタァ]

お礼の手紙を書くね。

I'll write a thank-you **letter**.

デジカメ

digital camera [ディヂトゥル キャマラ]

てじな (手品)

magic [マヂック]

テスト

test [テスト]; **quiz** [クウィズ]

「試験」(300ページ)も見ましょう。

てつだう（手伝う）

help [ヘルプ]

お皿洗うの手伝ってくれる？ — いいよ。

Can you **help** me do the dishes? — Sure.

てら（寺）

temple [テンプル]

でる（出る）

（現れる）**come out** [カム アウト]；（出かける）**leave** [リーヴ]；
（出席する）**attend** [アテンド]；
（電話に）**get** [ゲット]； **answer** [アンサァ]

のび太が教室から出てきた。

Nobita **came out** of the classroom.

cameはcomeの過去形です。

毎朝8時に家を出ます。

I **leave** home at eight o'clock every morning.

テレビ

television [テラヴィジョン]； **TV** [ティーヴィー]

ドラえもんは毎日テレビを見ているんだ。

Doraemon watches **television** every day.

テレビゲーム video game

テレビゲームを2時間もしてしまった。

I played **video games** for two hours.

てんき (天気)

the weather [ザ ウェザァ]

沖縄のお天気はどうだった?
— 暖かくて晴れていたよ。

How was **the weather** in Okinawa?
— It was warm and sunny.

でんき (電気)

electricity [イレクトゥリサティ]; (電灯) **light** [ライト]

電気を消して。

Turn off the **lights**.

でんわ (電話)

telephone [テレフォウン]; **phone** [フォウン]

ぼくが電話に出るよ。

I'll get the **phone**.

phoneはtelephoneを短くした形です。

電話する **phone; call**

電話をするね。

I'll **call** you up.

電話番号 **telephone number**

と

ドア

door [ドァ]

ドアを閉(し)めてくれる？— いいよ。

Can(キャン) you(ユー) close(クロウズ) the(ザ) **door**(ドァ)? — Sure(シュァ).

トイレ

(家(いえ)の) **bathroom** [バスルーム];
(公共(こうきょう)の建物(たてもの)の)
restroom [レストゥルーム]

トイレに行(い)ってもいいですか？

May(メィ) I(アィ) go(ゴゥ) to(トゥ) the(ザ) **restroom**(レストゥルーム)?

どういたしまして

You're welcome. [ユァ ウェルカム]

プレゼントをありがとう。— どういたしまして。

Thank you(サンキュー) for(フォァ) the(ザ) present(プレズント). — **You're**(ユァ) **welcome**(ウェルカム).

どうして

why [(ホ)ワィ]

「なぜ」(333ページ)も見(み)ましょう。

どうぞ

please [プリーズ]; (手(て)わたすとき) **Here you are.** [ヒァ ユー アー]

どうぞすわってください。

Sit(スィット) down(ダウン), **please**(プリーズ).

あいうえお かきくけこ さしすせそ たちつてと なにぬねの はひふへほ まみむめも やゆよ らりるれろ わをん

どうぶつえん（動物園）

zoo ［ズー］

どうろ（道路）

road ［ロウド］

道路で遊んじゃだめだよ。

Don't play in the **road**.

とおい（遠い）

far ［ファー］

ときどき（時々）

sometimes ［サムタイムズ］

とくいだ（得意だ）

（～が得意）**be good at** ［ビィ グッド アット］

わたしは一輪車が得意です。

I **am good at** riding a unicycle.

am は be の現在形です。

どくしょ（読書）

reading ［リーディング］

毎朝、読書の時間があります。

We have **reading** time every morning.

とけい（時計）

（置き時計など）**clock** ［クラック］；（うで時計）**watch** ［ワッチ］

どこ

where [(ホ)ウェア]

どこに行(い)くの？ — ショッピングセンターよ。

(ホ)ウェア アー ユー ゴゥイング トゥ ザ シャッピング モール
Where are you going? — To the shopping mall.

とし (年(とし))

age [エイヂ]; (こよみの) **year** [イァ]

しずかちゃんはわたしと同(おな)じ年(とし)だ。

シズカ アンド アィ アー ザ セイム エイヂ
Shizuka and I are the same age.

としょかん (図書館(としょかん))

library [ライブレリィ]

図書館(としょかん)に本(ほん)を返(かえ)しに行(い)くの。

アイム ゴウイング トゥ ザ ライブレリィ トゥ リターン ザ ブックス
I'm going to the library to return the books.

としより (年寄(としよ)り)

elderly people [エルダァリィ ピープル]

とても

very [ヴェリィ]; **so** [ソウ]; **really** [リーアリィ]

わたしはとてもうれしい。

アイム ヴェリィ ハピィ
I'm very happy.

これ、とってもおいしいね。

ズィス イズ ソウ ディリシャス
This is so delicious.

とぶ

（鳥・飛行機などが）**fly** ［フライ］；（はねる）**jump** ［ヂャンプ］

どのくらい高くとべるの？

How high can you **jump**?

とまる（止まる）

stop ［スタップ］

見て！　あそこにパトカーが止まったよ。

Look! A police car **stopped** over there.

とまる

stay ［ステイ］

今度の日曜日におばあちゃんの家にとまるよ。

We'll **stay** at our grandma's next Sunday.

ともだち（友だち）

friend ［フレンド］

こちら、わたしの友だちのエミです。

This is my **friend**, Emi.

ドライブ

drive ［ドゥライヴ］

ドラマ

drama ［ドゥラーマ］

トランプ

cards [カーヅ]

トランプで遊ぼう。

レッツ プレィ カーヅ
Let's play **cards**.

とる

take [テイク]; (つかまえる) **catch** [キャッチ]; **get** [ゲット]; (手わたす) **pass** [パス]

好きなものを取っていいよ。

ユー キャン テイク ホワットエヴァ ユー ライク
You can **take** whatever you like.

川で魚を2匹とった。

アィ コート トゥー フィッシュ イン ザ リヴァ
I **caught** two fish in the river.

caught は catch の過去形です。

お塩を取ってくれますか。

パス ミー ザ ソールト プリーズ
Pass me the salt, please.

どれ

which [(ホ)ウィッチ]

赤、青、どれが欲しい？

(ホ)ウィッチ ワン ドゥ ユー ワント ザ レッド ワン オァ ザ ブルー ワン
Which one do you want, the red one or the blue one?

どんな

(方法) **how** [ハゥ]; (種類) **what kind of** [(ホ)ワット カインド アヴ]

オムレツはどんなふうに作るのか教えて。

テル ミー ハゥ トゥ メイク アン アムリット
Tell me **how** to make an omelet.

how to で「どんなふうに」という意味です。

どんな本が好きですか？

(ホ)ワット カインド アヴ ブックス ドゥ ユー ライク
What kind of books do you like?

な

ないしょ

secret [スィークリット]

それはないしょなの？ — もちろん。

Is it a **secret**? — Of course.

ながい (長い)

long [ローング]

キリンの首は長い。

Giraffes have **long** necks.

なかよし (仲良し)

good friends [グッド フレンヅ]

ぼくたち仲良しなんだ。

We are **good friends**.

なく (泣く)

cry [クライ]

のび太、泣かないで。

Don't **cry** Nobita.

なく (鳴く)

(鳥・虫などが) **sing** [スィング]

なくす

lose [ルーズ]

かぎをなくさないでね。

Don't **lose** your key.

なげる (投(な)げる)

throw [スロウ]

ドラえもん、ボールを投(な)げて！

Throw the ball, Doraemon!

なぜ

why [(ホ)ワィ]

なぜのび太(た)さんは来(こ)なかったのかしら？

Why didn't Nobita come?

なぞなぞ

riddle [リドゥル]

なに (何(なに))

what [(ホ)ワット]

何(なに)が食(た)べたい？—ピザ！

What do you want to eat? — Pizza!

なふだ (名札(なふだ))

name tag [ネイム ターグ]

なまえ（名前）

name ［ネイム］

あなたの名前は？
— のび太です。

What's your **name**?
— My name is Nobita.

名前を聞かれたときは、「I'm＋名前」で答えてもかまいません。

ならう（習う）

learn ［ラーン］

そろばんを習うのが好きです。

I like to **learn** how to use the abacus.

なる（鳴る）

ring ［リング］

電話が鳴っているよ。

The phone is **ringing**.

なわとび

jump rope ［チャンプ ロウプ］;
jumping rope ［チャンピング ロウプ］

なんさい（何才）

how old ［ハウ オウルド］

あなたは何才ですか？— 80才です。

How old are you? — I'm eighty years old.

「いくつ」（249ページ）も見ましょう。

なんじ（何時）

what time ［(ホ)ワット タイム］

毎晩、何時に寝る？— 9時。

What time do you go to bed every night? — At nine o'clock.

に

にじ

rainbow ［レインボウ］

にっき（日記）

diary ［ダイアリィ］

わたしは毎晩日記をつけています。

I write in a **diary** every night.

にっぽん・にほん（日本）

Japan ［チャパン］

日本語 Japanese

日本語を話しますか？

Do you speak **Japanese**?

日本人 Japanese

わたしたちは日本人だ。

We are **Japanese**.

日本の Japanese

ぼくは日本の料理がいちばん好きだな。

I like **Japanese** food best.

にている（似ている）

look like [ルック ライク]

ぼくはお母さんに似ている。

I **look like** my mom.

にゅうがくしき（入学式）

entrance ceremony [エントゥランス セラモウニィ]

にわ（庭）

garden [ガードゥン]; **yard** [ヤード]

にんきがある（人気がある）

popular [パピュラァ]

その歌手はすごく人気がある。

That singer is very **popular**.

にんぎょう（人形）

doll [ダール]

にんげん（人間）

human being [ヒューマン ビーイング]

ぬ

ぬいぐるみ

stuffed toy [スタッフト トィ]; **stuffed animal** [スタッフト アニマル]

ぬいぐるみをもらったのよ。

I got a **stuffed animal**.

ぬぐ

take off [テイク オーフ]

ここでくつをぬいでください。

Take off your shoes here.

ぬる

(色を) **color** [カラァ]; (絵の具やペンキで) **paint** [ペイント]; (バターなどを) **spread** [スプレッド]

絵にクレヨンで色をぬるよ。

I will **color** the pictures with my crayons.

パンにバターをぬってね。

Please **spread** butter on the bread.

ぬれる

get wet [ゲット ウエット]

あっ! ぬれちゃった。

Oh, no! I **got wet**.

got は get の過去形です。

ね

ねつ（熱）

fever ［フィーヴァ］

ねむい（眠い）

sleepy ［スリーピィ］

眠いの？ — うん、眠いんだ。

Are you **sleepy**?

— Yes, I am.

ねむる（眠る）

sleep ［スリープ］

ゆうべはよく眠れた？ — ううん、眠れなかった。

Did you **sleep** well last night? — No, I didn't.

ねる（寝る）

go to bed ［ゴゥ トゥ ベッド］

ねん（年）

year ［イァ］; （学年）**grade** ［グレイド］

わたしは1年生です。

I'm in the first **grade**.

「学年」（11ページ）も見ましょう。

の

のぼる（登る）

go up [ゴゥ アップ]; （木や山に）**climb** [クライム]

富士山に登ったよ。

I **climbed** Mt. Fuji.

のむ（飲む）

drink [ドゥリンク]

何を飲みたい？

What do you want to **drink**?

のる（乗る）

get on [ゲット アン]; （タクシーなどに）**get in** [ゲット イン]

急いでバスに乗って。

Hurry up and **get on** the bus.

これ、知ってる？… ⑪

ハロウィーン　Halloween

秋に農作物がとれることを祝い、悪い霊を追い払うお祭りです。毎年10月31日にアメリカやヨーロッパなどで行われます。カボチャをくりぬいて作ったちょうちん「ジャックオーランタン(jack-o'-lantern)」を家に飾り、子どもたちは、魔法使いやおばけに仮装して、「Trick or treat!（おやつをくれないといたずらするよ）」と言いながら、近所をまわってお菓子をもらいます。

は

パーティー

party [パーティ]

10月31日にハロウィーンパーティーをします。

We'll have a Halloween party on October 31.

はい

yes [イェス]

バイバイ

bye-bye [バィバィ]

主に子どもが使うことばです。
大人は"bye"を使います。

はいる（入る）

come in [カム イン]; **enter** [エンタァ];
（クラブなどに）**join** [ヂョイン]

中に入ってきて。

Come in!

のび太が教室に入ってきた。

Nobita entered the classroom.

はがき

postcard [ポウストカード]

わたしがはがきを出すね。

I'll mail the postcard.

はかる（計る・測る）

（長さ・分量などを）**measure** ［メジャァ］;
（重さを）**weigh** ［ウェィ］

この手紙の重さを計ってください。

Weigh this letter, please.

はくぶつかん（博物館）

museum ［ミューズィーアム］

はこ（箱）

box ［バックス］

まんが本はこの箱に入れてください。

Put the comic books in this box.

はこぶ（運ぶ）

carry ［キャリィ］

このかばんをわたしの部屋に運んでくれますか？

Can you carry this bag to my room?

はし（橋）

bridge ［ブリッヂ］

はじまる（始まる）・はじめる（始める）

start [スタート]; **begin** [ビギン]

日本では、学校は4月に始まります。
Schools **start** in April in Japan.

雨が降り始めた。
It **began** to rain.

began は begin の過去形です。

はじめて（初めて）

first [ファースト];
for the first time [フォア ザ ファースト タイム]

昨日、初めて魚と泳いだよ。
I swam with fish **for the first time** yesterday.

はじめまして

Nice to meet you. [ナイス トゥ ミート ユー]

ばしょ（場所）

place [プレイス]

はしる（走る）

run [ラン]

しずかちゃんは走るのがとても速い。
Shizuka **runs** very fast.

パスポート

passport [パスポート]

パソコン

personal computer [パーサヌル カンピュータァ];
PC [ピースィー]

はたらく（働く）

work [ワーク]

両親は夜おそくまで働いている。
My parents work until late at night.

バット

bat [バッｔ]

バットのふり方を習ったよ。
I learned how to swing a bat.

はっぴょうかい（発表会）

（学校の）**performance day** [パァフォーマンス デイ];
（音楽の）**recital** [リサイトゥル]

日曜日にピアノの発表会がある。
I have a piano recital on Sunday.

はな（花）

flower [フラウァ]

はなし（話）
story ［ストーリィ］

はなす（話す）
talk ［トーク］; **speak** ［スピーク］

まず先生に話してみて。
Talk to your teacher first.

はなび（花火）
fireworks ［ファイァワークス］

ゆうべ、きれいな花火を見た。
We watched beautiful fireworks last night.

はは（母）
mother ［マザァ］; **mom** ［マム］

mom はくだけたいい方です。「お母さん」（260 ページ）も見ましょう。

パパ
dad ［ダッド］; **daddy** ［ダディ］

「お父さん」（263 ページ）も見ましょう。

はブラシ（歯ブラシ）
toothbrush ［トゥースブラッシュ］

はみがきこ（歯みがき粉）
toothpaste ［トゥースペイスト］

あいうえお かきくけこ さしすせそ たちつてと なにぬねの は はひふへほ まみむめも やゆよ らりるれろ わをん

はやい（早い・速い）

（時間が） **early** ［アーリィ］；
（速度が） **fast** ［ファースト］

ジャイアンは食べるのがとても速い。
Gian eats very **fast**.

はやく（早く・速く）

（時間が） **early** ［アーリィ］； （速度が） **quickly** ［クウィックリィ］

スネ夫は今朝早く起きた。
Suneo got up **early** this morning.

はやく来て！
Come here **quickly**!

ばら

rose ［ロウズ］

バラエティーばんぐみ（バラエティー番組）

variety show ［ヴァライアティ ショウ］

テレビでバラエティーを見るのは楽しい。
It's fun to watch **variety shows** on TV.

パラリンピック

the Paralympics ［ザ パラリンピックス］

はれ（晴れ）

sunny ［サニィ］； **fine** ［ファイン］

明日は晴れるよ！
It'll be **sunny** tomorrow!

バレエ

ballet [バレィ]

バレエレッスンでレオタードを着(き)るの？
— うん、そうよ。

Do you wear a leotard at your **ballet** lesson? — Yes, I do.

パレード

parade [パレイド]

ハロウィーン

Halloween [ハロウイーン]

Halloweenについては339ページも見(み)ましょう。

バンザイ

hurrah [ハラー]

バンザイ、100点(てん)とれたよ。

Hurrah! I got 100 on the test.

ひ

ひ（日(ひ)）

（太陽(たいよう)）**the sun** [ザ サン]; （1日(にち)）**day** [デイ]

ひ（火(ひ)）

fire [ファイァ]

ピアノ

piano [ピアノゥ]

ひかる (光る)

shine [シャイン];
(星が) **twinkle** [トゥウィンクル]

星がきらきら光っている。

The stars are **twinkling**.

ひく (引く・弾く)

pull [プル]; **draw** [ドゥロー]; (かぜを) **catch** [キャッチ];
(楽器を) **play** [プレィ]

ロープをいっしょに引きましょう。

Let's **pull** the rope together.

毎日ピアノをひきます。

I **play** the piano every day.

ひくい

low [ロゥ]; (背が) **short** [ショート]

わたしは背が低い。

I am **short**.

ピクニック

picnic [ピクニック]

ピクニックに行くのはどうかな？
— いいね。

How about going on a **picnic**?
— Sounds great.

あいうえお かきくけこ さしすせそ たちつてと なにぬねの ひ はひふへほ まみむめも やゆよ らりるれろ わをん

びじゅつかん

art museum [アートミューズィーアム]

ひだり (左)

left [レフト]

郵便局は左側にあります。

The post office is on your **left**.

左きき **left-handed**

ビデオ

video [ヴィディオウ]

ひま

free time [フリー タイム]

ぼくはひまなときに、時々うたた寝するよ。

I sometimes take a nap in my **free time**.

ひまだなあ。

I'm **bored**.

ひみつ (秘密)

secret [スィークリット];
between you and me [ビトゥウィーン ユー アンド ミー]

これはふたりだけの秘密だよ。

This is just **between you and me**.

「ないしょ」(332ページ)も見ましょう。

ひやす（冷やす）

cool [クール]

びょうき（病気）

sick [スィック]

ぼくのおじいちゃんは病気なんだ。

My grandpa is sick.

ひょうしょうじょう（表彰状）

testimonial [テスタモウニアル]

ひらく（開く）

open [オウプン]

教科書の20ページを開いてください。

Open your textbook to page 20 .

ひる（昼）

（正午）**noon** [ヌーン]; （昼間）**day** [デイ]

お昼になったらごはんを食べよう。

Let's have lunch at noon.

ひろい（広い）

（面積が）**large** [ラーヂ]; （はばが）**wide** [ワイド]

この部屋は広いね。

This room is large.

ふ

ファーストフード

fast food [ファスト フード]

あれはファーストフードの店なの？

Is that a fast food restaurant?

ふうせん（風船）

balloon [バルーン]

プール

swimming pool [スウィミング プール]

ふく

wipe [ワイプ]

床をふいてくれる？— いいよ。

Would you wipe the floor?

— OK.

ふとい（太い）

thick [スイック]

太いロープを持ってきてね。

Bring a thick rope.

プラネタリウム

planetarium [プラニテァリアム]

ふるい (古い)

old [オウルド]

プレゼント

present [プレズント]; **gift** [ギフト]

プレゼントを開けてもいい? — もちろん、どうぞ。

May I open my **present**? — Sure, go ahead.

海外ではプレゼントをもらうと、その場で開ける習慣の国もあります。

ふろ

bath [バス]

おふろに入るのが好き。

I like to take a **bath**.

ふろ場 **bathroom**

プロ

professional [プラフェッショヌル]

プロ野球 **professional baseball**

プロレス **professional wrestling**

ぶんぼうぐ (文房具)

stationery [ステイショネリィ]

あいうえお かきくけこ さしすせそ たちつてと なにぬねの ふ はひふへほ まみむめも やゆよ らりるれろ わをん

へ

へいわ (平和(へいわ))

peace [ピース]

世界平和(せかいへいわ)を願(ねが)っています。

アイ ウィッシュ フォア ワールド ピース
I wish for world **peace**.

へた (下手(へた))

poor [プア]

ぼく、料理(りょうり)が下手(へた)なんだ。

アイ アム ア プア クック
I am a **poor** cook.

ベッド

bed [ベッド]

ベッドで寝(ね)る？　ふとんで寝(ね)る？ — ベッドだよ。

ドゥ ユー スリープ アン ア ベッド オア アン ア フトン アン ア ベッド
Do you sleep on a **bed** or on a futon? — On a **bed**.

へや (部屋(へや))

room [ルーム]

べんきょうする (勉強(べんきょう)する)

study [スタディ]

何(なに)を勉強(べんきょう)しているの？ — 算数(さんすう)だよ。

(ホ)ワット アー ユー スタディイング マス
What are you **studying**? — Math.

べんとう（弁当）

bento lunch [ベントウ ランチ];
（箱に入ったもの） **lunch box** [ランチ バックス];
lunch meal [ランチ ミール]

がっこう　べんとう　も　い
学校にはお弁当を持って行きます。

アイ テイク ア ランチ バックス トゥ スクール
I take a **lunch box** to school.

へんな（変な）

strange [ストゥレインヂ]

へん　ゆめ　み
変な夢を見た。

アイ ハド ア ストゥレインヂ ドゥリーム
I had a **strange** dream.

ほ

ほいくえん（保育園）

preschool [プリスクール]

おとうと　ほいくえん　かよ
弟は保育園に通っているよ。

マイ リトゥル ブラザァ ゴウズ トゥ プリスクール
My little brother goes to **preschool**.

ほうかご（放課後）

after school [アフタァ スクール]

ほうかご　あそ
放課後はしずかちゃんと遊びたいな。

アイ ワント トゥ プレイ ウィズ シズカ アフタァ スクール
I want to play with Shizuka **after school**.

あいうえお かきくけこ さしすせそ たちつてと なにぬねの ほ はひふへほ まみむめも やゆよ らりるれろ わをん

あいうえお
かきくけこ
さしすせそ
たちつてと
なにぬねの
はひふへほ ほ
まみむめも
やゆよ
らりるれろ
わをん

ボウリング

bowling [ボウリング]

ボウリング大会で高得点だった。

I got a high score in the bowling tournament.

ホームページ

website [ウェブサイト]

わたしたちの学校のホームページを見てみてください。

Please look at our school's website.

ボール

ball [ボール]

ぼく

I [アィ]

ぼく、ドラえもん。どらやきが大好き。

I am Doraemon. I love dorayaki.

ポケット

pocket [パケット]

ドラえもん、ポケットには何が入っているの？

What do you have in your pocket, Doraemon?

ほし（星）

star [スター]

ほしい

want [ワント]

妹がほしい。
I **want** a little sister.

ほそい (細い)

slim [スリム]; (道などが) **narrow** [ナロゥ];
(糸などが) **thin** [スィン]

あの歌手は本当に細いね。
That singer is quite **slim**.

ボランティア

volunteer [ヴァランティア]

ほん (本)

book [ブック]

本を読むのは楽しい。
Reading **books** is fun.

本だな **bookshelf**

本屋 **bookstore**

ほんとう (本当)

true [トゥルー]; **really** [リーアリィ]

それは本当だよ。
It's **true**.

ピザ、きらいなんだ。— 本当? ぼくは大好きだよ。
I don't like pizza. — **Really**? I love it.

ま

まいごになる（迷子になる）

be lost ［ビィ ロースト］

どうしたの？— 迷子になっちゃった。

What's the matter? — I **am lost**.

am は be の現在形です。

まいにち（毎日）

every day ［エヴリィ デイ］

わたしは毎日犬を散歩させている。

I walk my dog **every day**.

毎週は every week、毎月は every month、毎年は every year といいます。

まえ（前）

（時間）**before** ［ビフォァ］;（場所）**in front of** ［イン フラント アヴ］

お昼ごはんの前に部屋のそうじをしてね。— はい。

Clean your room **before** lunch. — OK.

大きな木がわたしの家の前にあります。

A big tree is **in front of** my house.

まがる（曲がる）

turn ［ターン］

次の角を右に曲がってね。

Turn right at the next corner.

まくら

pillow [ピロゥ]

まける (負ける)

lose [ルーズ]

野球の試合で負けたよ。

My team **lost** the baseball game.

lostはloseの過去形です。

まじめな

serious [スィァリアス]

友だちのケンはまじめな男の子だ。

My friend Ken is a **serious** boy.

まずい

taste bad [テイスト バッド]

このスープ、まずい。

This soup **tastes bad**.

まずしい (貧しい)

poor [プァ]

また

again [アゲン]

またいっしょに遊びたいね。

I want to play together **again**.

またね

See you. [スィー ユー];
See you later. [スィー ユー レイタァ]

バイバイ。またね。

Goodbye. **See you later.**

まちがえる

make a mistake [メイク ア ミステイク]

算数のテストでまちがえた。

I **made mistakes** on the math exam.

made は make の過去形です。

まつ (待つ)

wait [ウェイト]

ちょっと待っていて。すぐに戻るから。

Wait a minute. I'll be right back.

まっすぐ

straight [ストゥレイト]

この道をまっすぐ行ったら、わたしの家があります。

Go **straight**, and you'll see my house.

まつり (祭り)

festival [フェスタヴァル]

まど（窓）

window ［ウィンドウ］

まほう（ま法）

magic ［マヂック］

ママ

mom ［マム］; **mommy** ［マミィ］

ママ、どこにいるの？— ここよ。

Where are you, **mom**? — I'm right here.

「お母さん」（260ページ）も見ましょう。

ままごとをする

play house ［プレィ ハウス］

ままごとをしよう。わたしがお母さんね。

Let's **play house**. I'll be the mom.

まもる（守る）

protect ［プラテクト］;
（約束などを）**keep** ［キープ］

ドラえもんがのび太を守ってくれるよ。

Doraemon will **protect** Nobita.

友だちとの約束は守ろう。

Keep your promises with your friends.

まるい（丸い）

round [ラウンド]

ダイニングには丸いテーブルがある。

There is a **round** table in the dining room.

まわす（回す）

spin [スピン]; **turn** [ターン]

そのコマを回して。

Spin the top.

かぎを回してみて。

Turn the key.

まんが

comic [カミック]; **manga** [マンガ];
（まんがの本）**comic book** [カミック ブック]

まんがを読むのは好きだ。

I like reading **comic books**.

マンション

（部屋）**apartment** [アパートゥマント];
（建物）**apartment building** [アパートゥマント ビルディング]

おばはマンションに住んでいる。

My aunt lives in an **apartment**.

日本語ではアパートとマンションを使い分けますが、英語ではどちらもapartment (building)といいます。英語でmansionは大ていの宅を表します。

み

みがく

brush [ブラッシュ]

毎朝(まいあさ)歯(は)をみがいてます。

アイ ブラッシュ マイ ティース エヴリィ モーニング
I **brush** my teeth every morning.

みぎ (右(みぎ))

right [ライト]

スネ夫(お)はしずかちゃんの右(みぎ)にいるよ。

スネオ イズ トゥ ザ ライト アブ シズカ
Suneo is to the **right** of Shizuka.

みじかい (短(みじか)い)

short [ショート]

ミシン

sewing machine [ソウイング マシーン]

みず (水(みず))・みずをやる (水(みず)をやる)

water [ウォータア]

冷(つめ)たい水(みず)をください。

アイ ワント サム コウルド ウォータア プリーズ
I want some cold **water**, please.

お花(はな)に水(みず)をあげましょう。

レッツ ウォータア ザ フラウァズ
Let's **water** the flowers.

みずうみ（湖(みずうみ)）

lake [レイク]

みせる（見(み)せる）

show [ショウ]

みち（道(みち)）

road [ロウド]; **street** [ストゥリート]; **way** [ウェイ]

みょうじ（名字(みょうじ)）

family name [ファマリィ ネイム]; **last name** [ラスト ネイム]

ぼくの名字(みょうじ)は野比(のび)です。

My **family name** is Nobi.

みる（見(み)る）

look at [ルック アット]; **watch** [ワッチ]; **see** [スィー]

星(ほし)を見(み)てごらん。

Look at the stars.

ゆうべサッカーの試合(しあい)を見(み)た？

Did you **watch** the soccer game last night?

あそこにヨットが見(み)えるよ。

I can **see** a yacht over there.

みんな

everyone [エヴリィワン]

みんな笑(わら)っているね。

Everyone is smiling.

む

むかし (昔)

a long time ago [ア ローング タイム アゴゥ];
once upon a time [ワンス アパン ア タイム]

むかし、ここに池があった。
A long time ago, there was a pond here.

むかしむかし、おじいさんとおばあさんがいました。
Once upon a time, there was an old man and an old woman.

むずかしい (難しい)

difficult [ディフィカルト]

この問題はとても難しい。
This question is very **difficult**.

むすこ

son [サン]

むすめ

daughter [ドータァ]

むら (村)

village [ヴィリッヂ]

め

メートル

meter [ミータァ]

メール

e-mail [イーメイル]

メールがたくさん届(とど)いたよ。

I(アィ) got(ガット) lots(ラッツ) of(アヴ) **e-mails**(イーメイルズ).

めざましどけい (めざまし時計(どけい))

alarm clock [アラーム クラック]

メニュー

menu [メニュー]

メニューをください。— はい、どうぞ。

May(メイ) I(アィ) have(ハヴ) the(ザ) **menu**(メニュー), please(プリーズ)?

— Here you are.

メモ

note [ノウト]

メモを取(と)り忘(わす)れないでね。

Don't(ドウント) forget(ファゲット) to(トゥ) take(テイク) **notes**(ノウツ).

も

もうどうけん（もう導犬）

guide dog ［ガイド ドーグ］

もぐる

dive ［ダイヴ］

もしもし

hello ［ヘロゥ］

もしもし、ドラえもんです。

ヘロゥ ズィス イズ ドラエモン スピーキング
Hello. This is Doraemon speaking.

もちろん

of course ［アフ コース］

ぼくも行(い)ってもいい？ — もちろん！

キャン アイ カム ウィズ ユー アフ コース
Can I come with you? — Of course!

もつ (持つ)

have [ハヴ]

消しゴムを持っている?
Do you **have** an eraser?

ものがたり (物語)

story [ストーリィ]

もやす (燃やす)

burn [バーン]

庭で落ち葉を燃やした。
We **burned** fallen leaves in the garden.

もらう

get [ゲット]

どこでそれをもらったの?
— おばあちゃんからもらったの。
Where did you **get** that?
— I **got** it from my grandma.

got は get の過去形です。

もり (森)

the woods [ザ ウッヅ]; **forest** [フォーリスト]

もんだい (問題)

problem [プラブラム]; (テストなどの) **question** [クウェスチョン]

や

やく（焼く）

（ケーキなどを）**bake**［ベイク］；（肉・魚などを）**roast**［ロウスト］，**grill**［グリル］

誕生日にママがケーキを焼いてくれた。

My mom **baked** me a cake on my birthday.

やくそく（約束）

promise［プラミス］

やさしい（易しい）

easy［イーズィ］

テストはやさしかった。

The exam was **easy**.

やさしい（優しい）

kind［カインド］；**nice**［ナイス］

やすい（安い）

cheap［チープ］

やすみ（休み）

（休日）**holiday**［ハラデイ］；（休暇）**vacation**［ヴェイケイション］

やすむ（休む）

take a rest［テイク ア レスト］

ここでちょっと休もう。

Let's **take a rest** here.

「学校を休む」は「欠席する」（291 ページ）を見ましょう。

やぶる（破る）

（約束などを）**break**［ブレイク］；（紙などを）**tear**［テァ］

約束は破らないよ。

I don't **break** my promises.

やま（山）

mountain［マウンテン］

やわらかい

soft［ソーフト］；（肉などが）**tender**［テンダァ］

このクッキーはやわらかい。

This cookie is **soft**.

ゆうえんち（遊園地）

amusement park［アミューズマント パーク］

この遊園地はいつもこんでいる。

This **amusement park** is always crowded.

ゆうがた (夕方)

evening [イーヴニング]

夕方には雨が降るようだ。

It will be rainy in the **evening**.

ゆうじょう (友情)

friendship [フレンドゥシップ]

ゆうしょく (夕食)

dinner [ディナァ]; (軽い) **supper** [サパァ]

ゆうびん (郵便)

mail [メイル]

- 郵便局 post office
- 郵便配達人 mail carrier
- 郵便番号 postal code
- 郵便ポスト mailbox

ユーフォー (UFO)

UFO [ユーエフオゥ]

英語ではユーフォーとは言いません。

ゆうめいな (有名な)

famous [フェイマス]

あの女の人は有名なダンサーです。

That woman is a **famous** dancer.

ゆうやけ (夕焼け)

sunset [サンセット]

ゆか

floor [フロア]

ゆき (雪)・ゆきがふる (雪が降る)

snow [スノウ]

雪が降っているよ。

It is **snowing**.

- 雪合戦 snowball fight
- 雪だるま snowman

大きな雪だるまを作ろうよ。

Let's make a big **snowman**.

ゆっくり

slowly [スロウリィ]

おばあちゃんはいつもゆっくり話す。

My grandma always speaks **slowly**.

ゆめ (夢)

dream [ドゥリーム]

ゆうべ、いい夢をみた。

I had a good **dream** last night.

科学者になるのがわたしの夢です。

My **dream** is to be a scientist.

あいうえお かきくけこ さしすせそ たちつてと なにぬねの はひふへほ まみむめも ゆ やゆよ らりるれろ わをん

よ

よい

good [グッド]; **nice** [ナイス]; **fine** [ファイン]

わたしたちはよい友(とも)だちだ。

ウィー アー グッド フレンヅ
We are **good** friends.

ようこそ

welcome [ウェルカム]

ようちえん

kindergarten [キンダァガートゥン]; **preschool** [プリスクール]

弟(おとうと)は桜(さくら)ようちえんに通(かよ)っている。

マイ ブラザァ ゴウズ トゥ サクラ キンダァガートゥン
My brother goes to Sakura **Kindergarten**.

よーい、ドン

(位置(いち)に着(つ)いて、用意(ようい)、ドン)

Ready, set, go.

[レディ セット ゴゥ];

On your mark, get set, go!

[アン ユァ マーク、ゲット セット、ゴゥ]

よく

well [ウェル]; (しばしば) **often** [オーフン]

よくできました！

ウェル ダン
Well done!

よごれる

get dirty [ゲット ダーティ]

新しいスカートがよごれちゃった。

My new skirt **got dirty**.

gotはgetの過去形です。

よてい（予定）

plan [プラン]

明日の予定は？— 図書館に行くよ。

What's your **plan** for tomorrow? — I'll go to the library.

よなか（夜中）

the middle of the night [ザ ミドゥル アヴ ザ ナイト]; （夜中の12時）**midnight** [ミッドゥナイト]

よぶ（呼ぶ）

call [コール]; （招待する）**invite** [インヴァイト]

そのねこを“ピンク”と呼んでいます。

We **call** the cat “Pink”.

よむ（読む）

read [リード]

お父さんは毎朝新聞を読んでいる。

My dad **reads** the newspaper every morning.

よる（夜）

night [ナイト]; （夕方）**evening** [イーヴニング]

よろこぶ（喜ぶ）

be happy ［ビィ ハピィ］; **be pleased** ［ビィ プリーズド］;
be glad ［ビィ グラッド］

かれは犬を飼って喜んでたよ。

He **was happy** to have a dog.

wasはbeの過去形です。

よわい（弱い）

weak ［ウィーク］

ぼくたちのディフェンスは弱くていつも負けるんだ。

Our defense is **weak**, so we always lose.

これ、知ってる？… ⑫

すみません　I'm sorry.

日本では、「すみません」と言うことがよくあります。この「すみません」は、「ごめんなさい」とあやまるときだけでなく、「失礼します」と言いたいときや、「すみませ〜ん！」と人を呼び止めたいときにも使います。でも、「ごめんなさい」以外の場合、英語ではI'm sorry.とは言わないので気をつけましょう。I'm sorry.を使うのは、本当にあやまるときだけなのです。

ら

らいしゅう (来週)

next week [ネクスト ウィーク]

来月はnext month、来年はnext yearといいます。

ラケット

racket [ラケット]

テニスのラケットを持っていこう。

I'll bring my tennis **racket**.

ラジオ

radio [レイディオウ]

ラッピング

wrapping [ラッピング]

り・る

リボン

ribbon [リバン]

リモコン

remote control [リモウト カントゥロウル]

リモコンはどこ？—ドラえもんが持ってるよ。

Where is the **remote control**? — Doraemon has it.

リュックサック

backpack [バックパック]

りょうり（料理）

cooking [クッキング];
（作られた料理）**dish** [ディッシュ], **food** [フード]

料理する cook

料理するのは楽しいね。
It's fun to **cook**.

りょこう（旅行）

trip [トゥリップ]

旅行する take a trip; travel

北海道に旅行したよ。
I **took a trip** to Hokkaido.

海外旅行したいな。
I want to **travel** abroad.

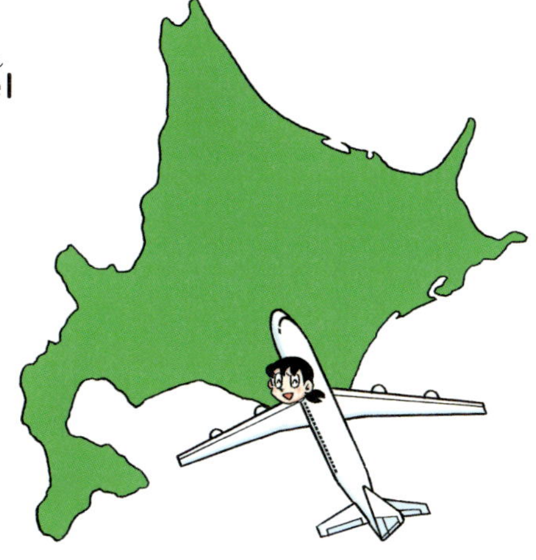

took は take の過去形です。

ルール

rule [ルール]

ルールは守らないといけない。
We must follow the **rules**.

るす (留守)

(留守にしている) **be out** [ビィ アウト]

しずかちゃんはいますか？— 留守なの。

Is Shizuka here?

— She **is out** right now.

is は be の現在形です。

right now は「ちょうど今」という意味です。

るすばんする (留守番する)

stay home [ステイ ホウム]

ママが出かけている間、ドラえもんと留守番をしているよ。

I'm **staying home** with Doraemon while my mom is out.

れ・ろ

れい (礼)

thank you [サンキュー]

しずかちゃんにお礼を言った。

I said "**thank you**" to Shizuka.

れいぞうこ (冷蔵庫)

fridge [フリッヂ]; **refrigerator** [リフリヂャレイタァ]

れきし (歴史)

history [ヒスタリィ]

れんしゅう（練習）

practice ［プラクティス］

今日は野球の練習があるんだ。

I have baseball **practice** today.

レンタルショップ

rental shop ［レントゥル シャップ］

レンタルショップへ行きましょう。

Let's go to the **rental shop**.

ロケット

rocket ［ラキット］

ロボット

robot ［ロウバット］

これ、知ってる？… ⑬ 

クリスマス　Christmas

クリスマスの過ごし方は、アメリカやイギリスでは日本と少しちがいます。クリスマス・ツリーを部屋に飾り、子どもたちがサンタクロースからプレゼントをもらうのは同じですが、クリスマスイブの翌日12月25日はお店もお休みで、人々はクリスマス料理を囲んで家族で過ごします。日本のお正月に似ていますね。また、新年の1月1日は祝日ですが、2日から学校や仕事が普通に始まります。

あいうえお
かきくけこ
さしすせそ
たちつてと
なにぬねの
はひふへほ
まみむめも
やゆよ
ろ らりるれろ

わをん

わ

わぁ

Oh [オウ]

わぁ、いやだ！アイスクリームを落(お)としちゃった。

Oh, no! I dropped my ice cream.

わかい (若(わか)い)

young [ヤング]

わかる

understand [アンダァスタンド]

わたしの言(い)っていること、わかりますか？

— はい、わかります。

Do you understand what I mean?

— Yes, I do.

わける (分(わ)ける)

share [シェア]

このオレンジを分(わ)けよう。

Let's share these oranges.

わすれる（忘れる）

forget [ファゲット]; （置き忘れる） **leave** [リーヴ]

いけない！かぎを忘れた。

Oh, no! I forgot my key.

forgotはforgetの過去形です。

わたし

I [アィ]

わたしは10才です。

I'm ten years old.

わたしたち

we [ウィー]

わたる

cross [クロース]

ここで道をわたりましょう。

Cross the street here.

わらう（笑う）

smile [スマイル]; （声を出して） **laugh** [ラフ]

赤ちゃんが笑っているよ。

The baby is smiling.

わるい（悪い）

bad [バッド]

お母さんは今日はきげんが悪いんだ。

My mom is in a bad mood today.

ローマ字表

ローマ字のつづり方にはいくつかの方式があります。ここでは自分の名前や地名をアルファベットで書くときのため、パスポートに使われる方式を紹介します。なお、小学校で習う方式と一部違うところがありますが、その部分は[　]で示してあります。

	A	I	U	E	O			
—	あ a	い i	う u	え e	お o	—	—	—
K	か ka	き ki	く ku	け ke	こ ko	きゃ kya	きゅ kyu	きょ kyo
S	さ sa	し shi [si]	す su	せ se	そ so	しゃ sha [sya]	しゅ shu [syu]	しょ sho [syo]
T	た ta	ち chi [ti]	つ tsu [tu]	て te	と to	ちゃ cha [tya]	ちゅ chu [tyu]	ちょ cho [tyo]
N	な na	に ni	ぬ nu	ね ne	の no	にゃ nya	にゅ nyu	にょ nyo
H	は ha	ひ hi	ふ fu [hu]	へ he	ほ ho	ひゃ hya	ひゅ hyu	ひょ hyo
M	ま ma	み mi	む mu	め me	も mo	みゃ mya	みゅ myu	みょ myo
Y	や ya	—	ゆ yu	—	よ yo	—	—	—
R	ら ra	り ri	る ru	れ re	ろ ro	りゃ rya	りゅ ryu	りょ ryo
W	わ wa	—	—	—	を o ／ ん n	—	—	—
G	が ga	ぎ gi	ぐ gu	げ ge	ご go	ぎゃ gya	ぎゅ gyu	ぎょ gyo
Z	ざ za	じ ji [zi]	ず zu	ぜ ze	ぞ zo	じゃ ja [zya]	じゅ ju [zyu]	じょ jo [zyo]
D	だ da	ぢ ji [di]	づ zu [du]	で de	ど do	ぢゃ ja [zya]	ぢゅ ju [zyu]	ぢょ jo [zyo]
B	ば ba	び bi	ぶ bu	べ be	ぼ bo	びゃ bya	びゅ byu	びょ byo
P	ぱ pa	ぴ pi	ぷ pu	ぺ pe	ぽ po	ぴゃ pya	ぴゅ pyu	ぴょ pyo

自分の名前をローマ字で書いてみよう！

ローマ字で書くときは、いくつかルールがあります。
次の解説や例を参考にしながら、自分の名前をローマ字で書いてみましょう。

❶ 名字（family name）も名前（first name）も最初の文字は大文字にします。

例）野比 のび太➡のび のびた➡Nobi Nobita

❷ 「ん」は「n」で表しますが、b、m、p の前で「m」となります。

例）神田➡かんだ➡Kanda／難波➡なんば➡Namba

❸ つまる音（小さな「っ」）は、子音を重ねます。

例）堀田➡ほった➡Hotta／一色➡いっしき➡Isshiki

❹ 「おお／おう」「とう」「こう」「ゆう」などののばす音（長音）は、パスポートでは原則的に入れません。

例）大西➡おおにし➡Onishi／光司➡こうじ➡Koji

みんなの名前をローマ字にしてみると

例）みなもと しずか（源 静香）➡Minamoto Shizuka
ごうだ たけし（剛田 武）➡Goda Takeshi
ほねかわ すねお（骨川 スネ夫）➡Honekawa Suneo

基本動詞の変化表

＊黒字は規則動詞・赤字は不規則動詞です。

現在形(原形)	日本語	過去形	過去分詞	-ing形
answer	答える	answered	answered	answering
ask	聞く、頼む	asked	asked	asking
bake	焼く	baked	baked	baking
be (am, is, are)	～です	was, were	been	being
begin	始める	began	begun	beginning
bring	持ってくる	brought	brought	bringing
brush	みがく	brushed	brushed	brushing
build	作る、建てる	built	built	building
buy	買う	bought	bought	buying
call	呼ぶ、電話をかける	called	called	calling
catch	とらえる、つかまえる	caught	caught	catching
change	変える	changed	changed	changing
check	チェックする	checked	checked	checking
clean	そうじする	cleaned	cleaned	cleaning
close	閉める	closed	closed	closing
come	来る	came	come	coming
cook	料理する	cooked	cooked	cooking
cry	泣く	cried	cried	crying
cut	切る	cut	cut	cutting
dance	おどる	danced	danced	dancing
do (does)	する	did	done	doing
draw	絵をかく、引く	drew	drawn	drawing
dream	夢を見る	dreamed	dreamed	dreaming
drink	飲む	drank	drunk	drinking
drive	運転する	drove	driven	driving
eat	食べる	ate	eaten	eating
enjoy	楽しむ	enjoyed	enjoyed	enjoying
excuse	許す	excused	excused	excusing
fall	落ちる	fell	fallen	falling
find	見つける	found	found	finding

finish フィニッシュ	終える	finished フィニッシュト	finished フィニッシュト	finishing フィニッシング
fly フライ	飛ぶ	flew フルー	flown フロウン	flying フライイング
forget ファゲット	忘れる	forgot ファガット	forgot, forgotten ファガット ファガトゥン	forgetting ファゲッティング
get ゲット	得る	got ガット	got, gotten ガット ガトゥン	getting ゲッティング
give ギヴ	与える	gave ゲイヴ	given ギヴン	giving ギヴィング
go ゴウ	行く	went ウェント	gone ゴーン	going ゴウイング
grow グロウ	育つ	grew グルー	grown グロウン	growing グロウイング
have (has) ハヴ ハズ	持っている	had ハド	had ハド	having ハヴィング
hear ヒア	聞く	heard ハード	heard ハード	hearing ヒアリング
help ヘルプ	手伝う、助ける	helped ヘルプト	helped ヘルプト	helping ヘルピング
hike ハイク	ハイキングをする	hiked ハイクト	hiked ハイクト	hiking ハイキング
hit ヒット	打つ、当たる	hit ヒット	hit ヒット	hitting ヒッティング
hold ホウルド	持つ	held ヘルド	held ヘルド	holding ホウルディング
hop ハップ	ぴょんととぶ	hopped ハップト	hopped ハップト	hopping ハッピング
hope ホウプ	望む	hoped ホウプト	hoped ホウプト	hoping ホウピング
hurry ハーリィ	急ぐ	hurried ハーリィド	hurried ハーリィド	hurrying ハーリィイング
jog ヂャグ	ゆっくり走る	jogged ヂャグド	jogged ヂャグド	jogging ヂャギング
join ヂョイン	参加する、加わる	joined ヂョインド	joined ヂョインド	joining ヂョイニング
jump ヂャンプ	とぶ、はねる	jumped ヂャンプト	jumped ヂャンプト	jumping ヂャンピング
keep キープ	取っておく、し続ける	kept ケプト	kept ケプト	keeping キーピング
kick キック	ける	kicked キックト	kicked キックト	kicking キッキング
know ノウ	知っている	knew ニュー	known ノウン	knowing ノウイング
laugh ラフ	笑う	laughed ラフト	laughed ラフト	laughing ラフィング
learn ラーン	学ぶ、習う	learned ラーンド	learned ラーンド	learning ラーニング
leave リーヴ	出発する	left レフト	left レフト	leaving リーヴィング
like ライク	～が好きだ	liked ライクト	liked ライクト	liking ライキング
listen リスン	聞く	listened リスンド	listened リスンド	listening リスニング
live リヴ	住む、生きる	lived リヴド	lived リヴド	living リヴィング
look ルック	見る	looked ルックト	looked ルックト	looking ルッキング
lose ルーズ	なくす、失う	lost ロースト	lost ロ スト	losing ルーズィング
love ラヴ	～が大好きだ	loved ラヴド	loved ラヴド	loving ラヴィング
make メイク	作る	made メイド	made メイド	making メイキング
mean ミーン	意味する	meant メント	meant メント	meaning ミーニング

現在形(原形)	日本語	過去形	過去分詞	-ing形
meet	会う	met	met	meeting
move	動く	moved	moved	moving
need	必要とする	needed	needed	needing
open	開ける	opened	opened	opening
order	注文する、命令する	ordered	ordered	ordering
paint	絵をかく	painted	painted	painting
pick	つむ、選ぶ	picked	picked	picking
play	遊ぶ	played	played	playing
point	指さす	pointed	pointed	pointing
practice	練習する	practiced	practiced	practicing
pull	引く、引っぱる	pulled	pulled	pulling
push	おす	pushed	pushed	pushing
put	置く	put	put	putting
rain	雨が降る	rained	rained	raining
read	読む	read	read	reading
recycle	リサイクルする	recycled	recycled	recycling
ride	乗る	rode	ridden	riding
run	走る	ran	run	running
say	言う	said	said	saying
see	見る	saw	seen	seeing
sell	売る	sold	sold	selling
send	送る	sent	sent	sending
shout	さけぶ	shouted	shouted	shouting
show	見せる	showed	shown	showing
sing	歌う	sang	sung	singing
sit	座る	sat	sat	sitting
ski	スキーをする	skied	skied	skiing
sleep	眠る	slept	slept	sleeping
smell	においがする	smelled, smelt	smelled, smelt	smelling
smile	ほほえむ、笑う	smiled	smiled	smiling
snow	雪が降る	snowed	snowed	snowing
sound	ひびく、聞こえる	sounded	sounded	sounding

speak（スピーク）	話(はな)す	spoke（スポウク）	spoken（スポウクン）	speaking（スピーキング）
spend（スペンド）	すごす	spent（スペント）	spent（スペント）	spending（スペンディング）
stand（スタンド）	立(た)つ	stood（ストゥッド）	stood（ストゥッド）	standing（スタンディング）
start（スタート）	出発(しゅっぱつ)する、始(はじ)まる	started（スターティッド）	started（スターティッド）	starting（スターティング）
stay（ステイ）	たい在(ざい)する、とどまる	stayed（ステイド）	stayed（ステイド）	staying（ステイイング）
stop（スタップ）	止(と)まる、やめる	stopped（スタップト）	stopped（スタップト）	stopping（スタッピング）
study（スタディ）	勉強(べんきょう)する	studied（スタディド）	studied（スタディド）	studying（スタディイング）
swim（スウィム）	泳(およ)ぐ	swam（スワム）	swum（スワム）	swimming（スウィミング）
take（テイク）	取(と)る	took（トゥック）	taken（テイクン）	taking（テイキング）
talk（トーク）	話(はな)す	talked（トークト）	talked（トークト）	talking（トーキング）
teach（ティーチ）	教(おし)える	taught（トート）	taught（トート）	teaching（ティーチング）
tell（テル）	話(はな)す、教(おし)える	told（トウルド）	told（トウルド）	telling（テリング）
thank（サンク）	感謝(かんしゃ)する	thanked（サンクト）	thanked（サンクト）	thanking（サンキング）
think（スィンク）	思(おも)う	thought（ソート）	thought（ソート）	thinking（スィンキング）
throw（スロウ）	投(な)げる	threw（スルー）	thrown（スロウン）	throwing（スロウイング）
touch（タッチ）	さわる、ふれる	touched（タッチト）	touched（タッチト）	touching（タッチング）
try（トゥライ）	試(ため)す	tried（トゥライド）	tried（トゥライド）	trying（トゥライイング）
turn（ターン）	まわる	turned（ターンド）	turned（ターンド）	turning（ターニング）
understand（アンダスタンド）	わかる、理解(りかい)する	understood（アンダストゥッド）	understood（アンダストゥッド）	understanding（アンダスタンディング）
use（ユーズ）	使(つか)う	used（ユーズド）	used（ユーズド）	using（ユーズィング）
visit（ヴィズィット）	訪問(ほうもん)する	visited（ヴィズィッティド）	visited（ヴィズィッティド）	visiting（ヴィズィティング）
wait（ウェイト）	待(ま)つ	waited（ウェイティド）	waited（ウェイティド）	waiting（ウェイティング）
wake（ウェイク）	目(め)が覚(さ)める	woke（ウォウク）, waked（ウェイクト）	woken（ウォウクン）, waked（ウェイクト）	waking（ウェイキング）
walk（ウォーク）	歩(ある)く、散歩(さんぽ)する	walked（ウォークト）	walked（ウォークト）	walking（ウォーキング）
want（ワント）	欲(ほ)しい	wanted（ワンティド）	wanted（ワンティド）	wanting（ワンティング）
wash（ワッシュ）	洗(あら)う	washed（ワッシュト）	washed（ワッシュト）	washing（ワッシング）
watch（ワッチ）	見(み)る	watched（ワッチト）	watched（ワッチト）	watching（ワッチング）
wear（ウェア）	着(き)ている	wore（ウォア）	worn（ウォーン）	wearing（ウェアリング）
win（ウィン）	勝(か)つ	won（ワン）	won（ワン）	winning（ウィニング）
work（ワーク）	働(はたら)く	worked（ワークト）	worked（ワークト）	working（ワーキング）
worry（ワーリィ）	心配(しんぱい)する	worried（ワーリィド）	worried（ワーリィド）	worrying（ワーリィイング）
write（ライト）	書(か)く	wrote（ロウト）	written（リトゥン）	writing（ライティング）

絵辞典さくいん

「絵辞典」(10〜53ページ)にある言葉を、英語はABC順、日本語はあいうえお順でそれぞれ一覧にしました。英検マークは英検®5級によく出題される単語(小学館調べ)です。

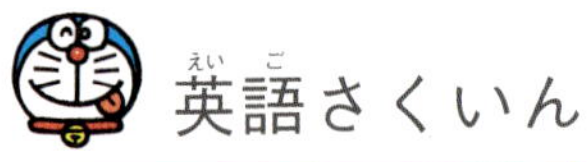

英語さくいん

D

Q

R

S

T

日本語さくいん

き

く

け

こ

さ

宮下いづみ

Eunice English Tutorial主宰。小学生から大学生を対象に、英語で意見を述べることを目指した教育を実施。田園調布雙葉高等学校・実践女子大学・武蔵野大学の非常勤講師。『イギリスの小学校教科書で楽しく英語を学ぶ』（小学館、共著）など著書多数。日本経済新聞に『おもてなし会話術』連載。

中村麻里

金沢市の英会話教室「イングリッシュ・スクエア」主宰。教材や絵本の執筆、指導者トレーニングに従事し、グローバル社会に必要な主体性を育てる英語教育の普及につとめる。アストン大学・社会言語学部・修士課程修了。JALT（全国語学教育学会）国際会議にてBest of JALT受賞。

小学生のための英和・和英

ドラえもん はじめての英語辞典 第2版

2011年 6 月20日　初版発行
2018年12月 4 日　第2版第1刷発行
2019年 3 月20日　第2版第2刷発行

編著者　宮下いづみ・中村麻里

原作　藤子・F・不二雄
監修　藤子プロ
画　むぎわらしんたろう（『ドラえもん』キャラクターなど）
　　イトウソノコ（『ドラえもん』キャラクター以外）

発行者　金川 浩
発行所　株式会社 小学館
〒101-8001 東京都千代田区一ツ橋2-3-1
電話 編集 03-3230-5170
販売 03-5281-3555

印刷所　図書印刷株式会社
製本所　株式会社若林製本工場

ブックデザイン　細山田デザイン事務所
DTP　株式会社 創樹・株式会社 昭和ブライト
音声録音・編集　一般財団法人 英語教育協議会（ELEC）
音声ナレーション　Dominic Allen, Hannah Grace, AIRI
英文校閲　サム マーチー
校正　迫上真夕子・長倉利夫
協力　株式会社 ディジタルアシスト

制作　直居裕子・斉藤陽子
販売　北森 碧
宣伝　野中千織
編集　瀬島明子

ISBN978-4-09-510844-5

小学館外国語編集部のウェブサイト
『小学館ランゲージワールド』
https://l-world.shogakukan.co.jp/